Além do princípio de prazer

Livros de Freud publicados pela **L&PM** EDITORES

Além do princípio de prazer
Compêndio da psicanálise
Da história de uma neurose infantil [O Homem dos Lobos]
Fragmento de uma análise de histeria [O caso Dora]
Inibição, sintoma e medo
A interpretação dos sonhos
O futuro de uma ilusão
O homem Moisés e a religião monoteísta
O mal-estar na cultura
Psicologia das massas e análise do eu
Sobre a psicopatologia da vida cotidiana
Totem e tabu

L&PMCLÁSSICOS**MODERNOS**

O futuro de uma ilusão seguido de *O mal-estar na cultura*

Série Ouro:

A interpretação dos sonhos

Livros relacionados

Freud – Chantal Talagrand e René Major (**L&PM** POCKET Biografias)

A interpretação dos sonhos (MANGÁ)

Sigmund Freud – Paulo Endo e Edson Sousa (**L&PM** POCKET **ENCYCLOPÆDIA**)

SIGMUND FREUD

Além do princípio de prazer

Tradução do alemão de Renato Zwick

Revisão técnica e prefácio de Tales Ab'Sáber

Ensaio biobibliográfico de Paulo Endo *e* Edson Sousa

www.lpm.com.br

L&PM POCKET

Coleção **L&PM** POCKET, vol. 1277

Texto de acordo com a nova ortografia.
Título original: *Jenseits des Lustprinzips*

Este livro também está disponível em formato 14 x 21 cm
Primeira edição na Coleção **L&PM** POCKET: abril de 2018
Esta reimpressão: agosto de 2025

Tradução baseada no vol. 3 da *Freud-Studienausgabe*, 11. ed., Frankfurt am Main, Fischer, 2012, p. 217-272
Tradução: Renato Zwick
Revisão técnica e prefácio: Tales Ab'Sáber
Ensaio biobibliográfico: Paulo Endo e Edson Sousa
Capa: Ivan Pinheiro Machado. *Foto*: Sigmund Freud (1921). Akg-Images/ Latinstock
Preparação: Patrícia Yurgel
Revisão: Lia Cremonese

CIP-Brasil. Catalogação na publicação
Sindicato Nacional dos Editores de livros, RJ

F942a
Freud, Sigmund, 1856-1939
Além do princípio de prazer / Sigmund Freud; tradução do alemão de Renato Zwick; revisão técnica e prefácio de Tales Ab'Sáber; ensaio biobibliográfico de Paulo Endo, Edson Sousa. – Porto Alegre. RS: L&PM, 2025.
160 p. ; 18 cm. (Coleção L&PM POCKET, v. 1277)

Tradução de: *Jenseits des Lustprinzips*
ISBN 978-85-254-3734-1
1. Psicanálise. 2. Princípio do prazer (Psicologia). I. Título.

15-27197 CDD: 150.1952
CDU: 159.964.2

Rua Comendador Coruja, 314, loja 9 – Floresta – 90.220-180
Porto Alegre – RS – Brasil / Fone: 51.3225.5777

Pedidos & Depto. comercial: vendas@lpm.com.br
Fale conosco: info@lpm.com.br
www.lpm.com.br

Impresso no Brasil – inverno de 2025

Sumário

Itinerário para uma leitura de Freud

Paulo Endo e Edson Sousa

Freud não é apenas o pai da psicanálise, mas o fundador de uma forma muito particular e inédita de produzir ciência e conhecimento. Ele reinventou o que se sabia sobre a alma humana (a psique), instaurando uma ruptura com toda a tradição do pensamento ocidental, a partir de uma obra em que o pensamento racional, consciente e cartesiano perde seu lugar exclusivo e egrégio. Seus estudos sobre a vida inconsciente, realizados ao longo de toda a sua vasta obra, são hoje referência obrigatória para a ciência e para a filosofia contemporâneas. Sua influência no pensamento ocidental não só é inconteste como não cessa de ampliar seu alcance, dialogando com e influenciando as mais variadas áreas do saber, como a filosofia, as artes, a literatura, a teoria política e as neurociências.

Sigmund Freud (1856-1939) nasceu em Freiberg (atual Příbor), na região da Morávia, hoje parte da República Tcheca, mas àquela época parte do Império Austríaco. Filho de Jacob Freud e de sua terceira esposa, Amália Freud, teve nove irmãos – dois do primeiro casamento do pai e sete do casamento entre seu pai e sua mãe. Sigmund era o filho mais velho de oito irmãos e era sabidamente adorado pela mãe, que o chamava de "meu Sigi de ouro".

Em 1860, Jacob Freud, comerciante de lãs, mudou-se com a família para Viena, cidade onde Sigmund Freud residiria até quase o fim da vida, quando teria de se exilar em Londres, fugindo da perseguição nazista. De família pobre, formou-se em medicina em 1882. Devido a sua precária situação financeira, decidiu ingressar imediatamente na clínica médica em vez de se dedicar à pesquisa, uma de suas grandes paixões. À medida que se estabelecia como médico, pôde pensar em propor casamento para Martha Bernays. Casaram-se em 1886 e tiveram seis filhos: Mathilde, Martin, Oliver, Ernst, Sophie e Anna.

Embora o pai tenha lhe transmitido os valores do judaísmo, Freud nunca seguiu as tradições e os costumes religiosos; ao mesmo tempo, nunca deixou de se considerar um judeu. Em algumas ocasiões, atribuiu à sua origem judaica o fato de resistir aos inúmeros ataques que a psicanálise sofreu desde o início (Freud aproximava a hostilidade sofrida pelo povo judeu ao longo da história às críticas virulentas e repetidas que a clínica e a teoria psicanalíticas receberam). A psicanálise surgiu afirmando que o inconsciente e a sexualidade eram campos inexplorados da alma humana, na qual repousava todo um potencial para uma ciência ainda adormecida. Freud assumia, assim, seu propósito de remar contra a maré.

Médico neurologista de formação, foi contra a própria medicina que Freud produziu sua primeira ruptura epistêmica. Isto é: logo percebeu que as pacientes histéricas, afligidas por sintomas físicos sem causa aparente, eram, não raro, tratadas com indiferença médica e negligência no ambiente hospitalar. A histeria pedia, portanto, uma nova inteligibilidade, uma nova ciência.

A característica, muitas vezes espetacular, da sintomatologia das pacientes histéricas de um lado e, de outro, a impotência do saber médico diante desse fenômeno impressionaram o jovem neurologista. Doentes que apresentavam paralisia de membros, mutismo, dores, angústia, convulsões, contraturas, cegueira etc. desafiavam a racionalidade médica, que não encontrava qualquer explicação plausível para tais sintomas e sofrimentos. Freud então se debruçou sobre essas pacientes; porém, desde o princípio buscava as raízes psíquicas do sofrimento histérico e não a explicação neurofisiológica de tal sintomatologia. Procurava dar voz a tais pacientes e ouvir o que tinham a dizer, fazendo uso, no início, da hipnose como técnica de cura.

Em 1895, é publicado o artigo inaugural da psicanálise: *Estudos sobre a histeria*. O texto foi escrito com o médico Josef Breuer (1842-1925), o primeiro parceiro de pesquisa de Freud. Médico vienense respeitado e erudito, Breuer reconhecera em Freud um jovem brilhante e o ajudou durante anos, entre 1882 e 1885, inclusive financeiramente. *Estudos sobre a histeria* é o único material que escreveram juntos e já evidencia o distanciamento intelectual entre ambos. Enquanto Breuer permanecia convicto de que a neurofisiologia daria sustentação ao que ele e Freud já haviam observado na clínica da histeria, Freud, de outro modo, já estava claramente interessado na raiz sexual das psiconeuroses – caminho que perseguiu a partir do método clínico ao reconhecer em todo sintoma psíquico uma espécie de hieróglifo. Escreveu certa vez: "O paciente tem sempre razão. A doença não deve ser para ele um objeto de desprezo, mas, ao contrário, um adversário respeitável, uma parte do seu ser que tem boas razões de existir e que lhe deve permitir obter ensinamentos preciosos para o futuro".

Em 1899, Freud estava às voltas com os fundamentos da clínica e da teoria psicanalíticas. Não era suficiente postular a existência do inconsciente, uma vez que muitos outros antes dele já haviam se referido a esse aspecto desconhecido e pouco frequentado do psiquismo humano. Tratava-se de explicar seu dinamismo e estabelecer as bases de uma clínica que tivesse o inconsciente como núcleo. Há o inconsciente, mas como ter acesso a ele?

Foi nesse mesmo ano que Freud finalizou aquele que é, para muitos, o texto mais importante da história da psicanálise: *A interpretação dos sonhos*. A edição, porém, trazia a data de 1900. Sua ambição e intenção ao usar como data de publicação o ano seguinte era a de que esse trabalho figurasse como um dos mais importantes do século XX. De fato, *A interpretação dos sonhos* é hoje um dos mais relevantes textos escritos no referido século, ao lado de *A ética protestante e o "espírito" do capitalismo*, de Max Weber, *Tractatus Logico-Philosophicus*, de Ludwig Wittgenstein, e *Origens do totalitarismo*, de Hannah Arendt.

Nesse texto, Freud propõe uma teoria inovadora do aparelho psíquico, bem como os fundamentos da clínica psicanalítica, única capaz de revelar as formações, tramas e expressões do inconsciente, além da sintomatologia e do sofrimento que correspondem a essas dinâmicas. *A interpretação dos sonhos* revela, portanto, uma investigação extensa e absolutamente inédita sobre o inconsciente. Tudo isso a partir da análise e do estudo dos sonhos, a manifestação psíquica inconsciente por excelência. Porém, seria preciso aguardar um trabalho posterior para que fosse abordado o papel central da sexualidade na formação dos sintomas neuróticos.

Foi um desdobramento necessário e natural para Freud a publicação, em 1905, de *Três ensaios sobre a teoria da sexualidade.* A apresentação plena das suas hipóteses fundamentais sobre o papel da sexualidade na gênese da neurose (já noticiadas nos *Estudos sobre a histeria*) pôde, enfim, vir à luz, com todo o vigor do pensamento freudiano e livre das amarras de sua herança médica e da aliança com Breuer.

A verdadeira descoberta de um método de trabalho capaz de expor o inconsciente, reconhecendo suas determinações e interferindo em seus efeitos, deu-se com o surgimento da clínica psicanalítica. Antes disso, a nascente psicologia experimental alemã, capitaneada por Wilhelm Wundt (1832-1920), esmerava-se em aprofundar exercícios de autoconhecimento e autorreflexão psicológicos denominados de introspeccionismo. A pergunta óbvia elaborada pela psicanálise era: como podia a autoinvestigação esclarecer algo sobre o psiquismo profundo tendo sido o próprio psiquismo o que ocultou do sujeito suas dores e sofrimentos? Por isso a clínica psicanalítica propõe-se como uma fala do sujeito endereçada à escuta de um outro (o psicanalista).

A partir de 1905, a clínica psicanalítica se consolidou rapidamente e se tornou conhecida em diversos países, despertando o interesse e a necessidade de traduzir os textos de Freud para outras línguas. Em 1910, a psicanálise já ultrapassara as fronteiras da Europa e começava a chegar a países distantes como Estados Unidos, Argentina e Brasil. Discípulos de outras partes do mundo se aproximavam da obra freudiana e do movimento psicanalítico.

Desde muito cedo, Freud e alguns de seus seguidores reconheceram que a teoria psicanalítica tinha um alcance capaz de iluminar dilemas de outras áreas do conhecimento além daqueles observados na clínica. Um dos primeiros textos fundamentais nesta direção foi *Totem e tabu: algumas correspondências entre a vida psíquica dos selvagens e a dos neuróticos*, de 1913. Freud afirmou que *Totem e tabu* era, ao lado de

A interpretação dos sonhos, um dos textos mais importantes de sua obra e o considerou uma contribuição para o que ele chamou de psicologia dos povos. De fato, nos grandes textos sociais e políticos de Freud há indicações explícitas a *Totem e tabu* como sendo o ponto de partida e fundamento de suas teses. É o caso de *Psicologia das massas e análise do eu* (1921), *O futuro de uma ilusão* (1927), *O mal-estar na cultura* (1930) e *O homem Moisés e a religião monoteísta* (1939).

O período em que Freud escreveu *Totem e tabu* foi especialmente conturbado, sobretudo porque estava sendo gestada a Primeira Guerra Mundial, que eclodiria em 1914 e duraria até 1918. Esse episódio histórico foi devastador para Freud e o movimento psicanalítico, esvaziando as fileiras dos pacientes que procuravam a psicanálise e as dos próprios psicanalistas. Importantes discípulos freudianos, como Karl Abraham e Sándor Ferenczi, foram convocados para o front, e a atividade clínica de Freud foi praticamente paralisada, o que gerou dissabores extremos à sua família devido à falta de recursos financeiros. Foi nesse período que Freud escreveu alguns dos textos mais importantes do que se costuma chamar a primeira fase da psicanálise (1895-1914). Esses trabalhos foram por ele intitulados de "textos sobre a metapsicologia", ou textos sobre a teoria psicanalítica.

Tais artigos, inicialmente previstos para perfazerem um conjunto de doze, eram parte de um projeto que deveria sintetizar as principais posições teóricas da ciência psicanalítica até então. Em apenas seis semanas, Freud escreveu os cinco artigos que hoje conhecemos como uma espécie de apanhado denso, inovador e consistente de metapsicologia. São eles: "Pulsões e destinos da pulsão", "O inconsciente", "O recalque", "Luto e melancolia" e "Complemento metapsicológico à doutrina dos sonhos". O artigo "Para introduzir o narcisismo", escrito em 1914, junta-se também a esse grupo de textos. Dos doze artigos previstos, cinco não foram publicados, apesar de Freud tê-los concluído: ao que tudo indica, ele os destruiu. (Em 1983, a psicanalista e pesquisadora Ilse Grubrich-Simitis encontrou um manuscrito de Freud, com um bilhete anexado ao discípulo e amigo Sándor Ferenczi, em que identificava "Visão geral das neuroses de transferência" como o 12º ensaio da série sobre metapsicologia. O artigo foi publicado em 1985 e é o sétimo e último texto de Freud sobre metapsicologia que chegou até nós.)

Após o final da Primeira Guerra e alguns anos depois de ter se esmerado em reapresentar a psicanálise em seus fundamentos, Freud publica, em 1920, um artigo avassalador intitulado *Além do princípio de prazer*. Texto revolucionário, admirável e ao mesmo tempo mal aceito e mal digerido até hoje por muitos psicanalistas, desconfortáveis com a proposição de uma pulsão (ou impulso, conforme se preferiu na presente tradução) de morte autônoma e independente das pulsões de vida. Nesse artigo, Freud refaz os alicerces da teoria psicanalítica ao propor novos fundamentos para a teoria das pulsões. A primeira teoria das pulsões apresentava duas energias psíquicas como sendo a base da dinâmica do psiquismo: as pulsões do eu e as pulsões de objeto. As pulsões do eu ocupam-se em dar ao eu proteção, guarida e satisfação das necessidades elementares (fome, sede, sobrevivência, proteção contra intempéries etc.), e as pulsões de objeto buscam a associação erótica e sexual com outrem.

Já em *Além do princípio de prazer*, Freud avança no estudo dos movimentos psíquicos das pulsões. Mobilizado pelo tratamento dos neuróticos de guerra que povoavam as cidades europeias e por alguns de seus discípulos que, convocados, atenderam psicanaliticamente nas frentes de batalha, Freud reencontrou o estímulo para repensar a própria natureza da repetição do sintoma neurótico em sua articulação com o trauma. Surge o conceito de pulsão de morte: uma energia que ataca o psiquismo e pode paralisar o trabalho do eu, mobilizando-o em direção ao desejo de não mais desejar, que resultaria na morte psíquica. É provavelmente a primeira vez em que se postula no psiquismo uma tendência e uma força capazes de provocar a paralisia, a dor e a destruição.

Uma das principais consequências dessa reviravolta é a segunda teoria pulsional, que pode ser reencontrada na nova teoria do aparelho psíquico, conhecida como segunda tópica, ou segunda teoria do aparelho psíquico (que se dividiria em ego, id e superego, ou eu, isso e supereu), apresentada no texto *O eu e o id*, publicado em 1923. Freud propõe uma instância psíquica denominada supereu. Essa instância, ao mesmo tempo em que possibilita uma aliança psíquica com a cultura, a civilização, os pactos sociais, as leis e as regras, é também responsável pela culpa, pelas frustrações e pelas exigências que o sujeito impõe a si mesmo, muitas delas inalcançáveis. Daí o mal-estar que acompanha todo sujeito e que não pode ser inteiramente superado.

Em 1938, foi redigido o texto *Compêndio da psicanálise*, que seria publicado postumamente em 1940. Freud pretendia escrever uma grande síntese de sua doutrina, mas faleceu no exílio londrino em setembro de 1939, após a deflagração da Segunda Guerra Mundial, antes de terminá-la. O *Compêndio* permanece, então, conforme o próprio nome sugere, como uma espécie de inacabado testamento teórico freudiano, indicando a incompletude da própria teoria psicanalítica que, desde então, segue se modificando, se refazendo e se aprofundando.

É curioso que o último grande texto de Freud, publicado em 1939, tenha sido *O homem Moisés e a religião monoteísta*, trabalho potente e fundador que reexamina teses historiográficas basilares da cultura judaica e da religião monoteísta a partir do arsenal psicanalítico. Essa obra mereceu comentários de grandes pensadores contemporâneos como Yosef Yerushalmi, Edward Said e Jacques Derrida, que continuaram a enriquecê-la, desvelando não só a herança judaica muito particular de Freud, por ele afirmada e ao mesmo tempo combatida, mas também o alcance da psicanálise no debate sobre os fundamentos da historiografia do judaísmo, determinante da constituição identitária de pessoas, povos e nações.

Esta breve anotação introdutória é certamente insuficiente, pois muito ainda se poderia falar de Freud. Contudo, esperamos haver, ao menos, despertado a curiosidade no leitor, que passará a ter em mãos, com esta coleção, uma nova e instigante série de textos de Freud, com tradução direta do alemão e revisão técnica de destacados psicanalistas e estudiosos da psicanálise no Brasil.

Ao leitor, só nos resta desejar boa e transformadora viagem.

Prefácio

Freud e o ensaio *Além do princípio de prazer*

Tales Ab'Sáber

O trabalho e a obra de Sigmund Freud apresentam muitas dimensões e têm propiciado leituras e aprendizados contínuos a gerações de psicanalistas e leitores interessados. Esses trabalhos se estenderam e se renovaram permanentemente no tempo de suas múltiplas e sucessivas descobertas. Hoje está muito claro, por exemplo, que Freud pode ser lido, por um lado, como o cientista e o psicólogo radical, fundador da psicologia clínica que implica o inconsciente, de origem sexual e infantil – a *psicologia profunda*, como ele diz em algum momento de *Além do princípio de prazer* –, e, por outro lado, como o pensador das condições de conhecimento que permitiram a essa disciplina se sustentar. Ou, ainda, Freud também pode ser lido como o grande escritor e estilista da língua alemã que de fato sempre foi. E, até mesmo, pode ser lido como o homem sábio e atento à história e ao humano que disseminou fragmentos críticos densos, muitas vezes poéticos, tão presentes em sua obra como toda a nova estrutura de conceitos e noções por ele estabelecida. Diante de seus textos, de fato, temos o prazer de conviver com a inteligência humana em seu constante trabalho de criar.

É certo que há modos distintos de se aproximar de sua obra, tão profunda e radical quanto extensa, observando e valorizando esta ou aquela dimensão de suas criações. No entanto, também é certo que todas essas dimensões, indicadas acima, fazem parte e convivem em um único espaço literário e conceitual, que foi o seu legado mais amplo. Freud cultivava a linguagem e o pensamento, era um intérprete perspicaz de seu tempo e de seu mundo, e por isso costuma afirmar mais e mais do que o desenvolvimento teórico de sua psicanálise está sempre a dizer.

Porém, existe um tipo de trabalho especial e único na imensa obra freudiana: aquele que funda e estabelece o *patamar limite* da psicanálise a certa altura de seu desenvolvimento. São esses textos que fornecem os contornos essenciais e o plano de desenvolvimento dos passos seguintes das ideias freudianas, que representam, além de conteúdos teóricos, o próprio limite da teoria psicanalítica em determinado momento do pensamento freudiano.

Esses trabalhos *de limite* às vezes são imensos, complexos, polifônicos e inspirados, em alguns casos tendo sofrido várias revisões ao longo de décadas (como aconteceu com o maior de todos eles e o preferido de Freud, *A interpretação dos sonhos*). Ou, às vezes tais trabalhos são sintéticos, precisos, relativamente pequenos e de grande valor literário, como a excepcional obra-prima da literatura psicanalítica "Luto e melancolia" (1915-1917). Ambos os escritos, em tudo diferentes como projeto e realização formal, são totalmente coerentes como expansão do pensamento psicanalítico e como imbricação de seus conceitos, e ambos, apesar da imensa diferença em sua extensão, situam com precisão os limites conceituais do pensamento de Freud na época em que foram escritos.

Nesse sentido, eles desenham o que poderíamos chamar de *as fronteiras do continente* do pensamento de Freud quando de seu desenvolvimento, as verdadeiras fronteiras da grande tópica freudiana. E, exatamente por isso, são ambos, como o autor gostava de dizer, trabalhos de tipo *genético*, nos quais a conceituação psicanalítica vai sendo gestada e ganha forma diante dos olhos do leitor, em vez de nos ser apresentada já pronta, limpa e ordenada, como se sempre estivesse estado lá, à maneira de trabalhos de outro tipo, que o próprio Freud chamou, adequadamente, de "dogmáticos".

Evidentemente, os trabalhos em que o pensamento de Freud nos é apresentado em sua potência mais viva, em seu próprio fluxo de razões criativas e construtivas, que demarcam a fronteira teórica da própria disciplina, são, sob certa perspectiva, os mais interessantes da literatura psicanalítica. Neles frequentemente sentimos o homem e o pensador Freud evocar todas as suas forças humanas e culturais, deixando um rastro poético de sua própria existência, de mediações críticas e de inteligência sempre surpreendentes – o que por vezes não acontece nos trabalhos de pura ordenação e apresentação de conceitos. Nesses textos-limite, encontramos uma imagem intuitiva das forças internas, até mesmo inconscientes, da força da linguagem e da pesquisa civilizatória mais ampla que moviam o homem Freud. E por isso, além de espantosamente inteligentes, tais textos também são sutilmente belos.

Dentre todos esses trabalhos *de fronteiras* do pensamento freudiano, um, e apenas um, tem um modo de ser ainda mais especial, revelador e particularmente radical, sobressaindo-se de modo singular em toda a obra freudiana e até mesmo, possivelmente, em toda a história do pensamento e do movimento psicanalítico posterior. Trata-se de *Além do princípio de prazer*, de 1920.

Neste texto de forte caráter genético, Freud apresenta as questões e problemas que o levaram – no meio do caminho de sua vida de psicanalista – a conceber um conceito muito original, absolutamente novo para si próprio: o de um possível *impulso de morte*, uma possível ampla tendência de retorno ao inanimado presente no ser vivo e no humano. Para tanto, ele vai repassar as ideias da biologia válidas na época sobre a vida e a morte e, nesse mesmo movimento, ele fará do texto um dos balanços mais nítidos e elegantes sobre a sua própria teoria anterior da dinâmica de impulsos humanos, entre o que chamava de impulsos de conservação do eu e os impulsos sexuais, baseados no princípio de prazer/constância. E este será exatamente o trabalho teórico que o texto vai desenvolver, e caberá ao leitor acompanhar o mestre na tessitura que sua escrita mantém unida e produtiva.

Ao mesmo tempo, o ensaio também chama a atenção pela complexidade e pela riqueza de sua forma, por sua estrutura muito peculiar, que serve de maneira adequada à natureza da própria e nova questão psicanalítica abordada. Sua estrutura formal única precisa ser reconhecida ao mesmo tempo em que o próprio tema do trabalho. De fato, é a própria estrutura formal do texto, o *modo* de Freud organizar e dispor seus argumentos, o que melhor fala sobre o que seria o *além do princípio de prazer* e o conceito final dele derivado, o *impulso de morte* freudiano.

Essa situação, em que o conceito também está impresso na forma do escrito, faz com que o leitor precise duplicar seu modo de ler, ficando com um olho atento às razões teóricas e conceituais apresentadas e com o outro na maneira muito singular como são expostas. E, como se sabe, tal tipo de leitura, atenta simultaneamente à forma e ao conteúdo, sempre foi a usada para avaliar o valor estético de obras literárias, e não a mais própria para os escritos que buscam síntese e objetividade, ao modo da ciência... Aqui, Freud também está no auge de seu estilo de escritor, como podemos perceber bem no uso claro, complexo e muito amplo da língua e dos movimentos do pensamento na seguinte passagem do início do texto, traduzida com graça por Renato Zwick:

> Nesse assunto, não nos interessa investigar até que ponto, com a instauração do

> princípio de prazer, nos aproximamos de ou aderimos a determinado sistema filosófico historicamente estabelecido. Chegamos a tais hipóteses especulativas em meio ao empenho de descrever os fatos da observação cotidiana em nosso campo e prestar contas sobre eles. Prioridade e originalidade não estão entre as metas colocadas ao trabalho psicanalítico, e as impressões que estão na base da instauração deste princípio são tão óbvias que dificilmente seria possível ignorá-las. Em compensação, mostraríamos de bom grado nosso reconhecimento a uma teoria filosófica ou psicológica que soubesse nos dizer quais são os significados das sensações de prazer e desprazer, tão imperativas para nós. Infelizmente nada de aproveitável nos é oferecido sobre isso. Essa é a região mais obscura e inacessível da vida psíquica, e, se não conseguimos evitar tocá-la, a hipótese mais frouxa a respeito, assim penso, será a melhor.

Trata-se de fato de um mestre da língua. Nesse sentido, sugiro que o leitor entre em relação com a especial forma freudiana proposta em *Além do princípio de prazer*. Por exemplo, que observe que o texto inicia de modo claro e algo abrupto, como se o narrador já estivesse em meio a uma argumentação que está vindo de bem longe, discutindo de modo sintético, mas bastante profundo, os princípios da metapsicologia desenvolvida até então, baseada na noção freudiana fundamental do *princípio de prazer* – com seu contraponto do *princípio da constância* –, que seria o móvel primeiro do psiquismo... São de fato os argumentos metapsicológicos fundamentais e de *princípio*, anunciados de modo complexo já vinte anos antes em *A interpretação dos sonhos*, que estão sendo retomados aqui, mas com um estilo bastante diferente daquele da obra inaugural sobre o sonho... A seguir o leitor poderá perceber que essa argumentação vai evoluir até ser, em um determinado momento do texto, simplesmente substituída por outro problema – o das neuroses e dos sonhos traumáticos – , que acaba por se sobrepor ao primeiro problema apresentado e que na aparência pouco tem a ver com ele... e também se perceberá que este movimento de apresentação de questões, e sua suspensão momentânea seguida pela emergência de outras e novas questões, vai acontecer muitas vezes ao longo de toda primeira metade do trabalho, sem que nada disso se explique inteiramente e, sobretudo, sem a existência de um argumento central que ligue e subordine cada um dos problemas...

O leitor perceberá que, após a discussão teórica dos princípios de prazer-desprazer, de constância e realidade, Freud adentrará o problema das neuroses de guerra e as estranhas tendências masoquistas dos sonhos traumáticos daqueles que viveram os terrores da guerra... Em seguida ele vai discutir com muita argúcia e profundidade psicológica a emergência dos primeiros jogos infantis, baseando suas hipóteses na observação real de uma brincadeira de seu neto de um ano e meio, e então comentará aspectos da apropriação das experiências desprazerosas por parte do psiquismo humano, dando ensejo à hipótese de uma *estética* de base psicanalítica, e de caráter econômico, e fazendo, por fim, um comentário sobre o alto valor estético que o sofrimento pode adquirir em muitas obras de arte, particularmente na tragédia...

Somente ao término da segunda sessão do trabalho Freud vai explicitar qual é a investigação que de fato está empreendendo neste texto de muitos começos e de várias entradas. Então, negando ainda uma vez todo o trabalho que o levou até aquele ponto, em que as situações de desprazer investigadas estavam ainda, em última instância, sob o domínio do princípio de prazer, ele escreve:

> Assim somos persuadidos de que também sob o domínio do princípio de prazer existem meios e caminhos suficientes

> para transformar o que em si mesmo é desprazeroso em objeto da lembrança e da elaboração psíquica. Uma estética economicamente orientada poderá se ocupar destes casos e dessas situações que desembocam num ganho final de prazer.

Desse modo, só em um momento já avançado do texto e após a apresentação de vários problemas o autor vai, por fim, enunciar qual é a sua questão central, com a singela e paradoxal frase que faz um balanço dos muitos pontos que o texto tocou até então:

> [estes meios e caminhos] nada fazem em favor de nossos propósitos (...) [pois] não testemunham em favor da efetividade de tendências além do princípio de prazer, isto é, tendências que fossem mais primordiais que esse princípio e dele independentes.

Só nesse momento o sentido geral do trabalho se afirma; só ao final da segunda sessão ele se torna precisamente claro: conceber e determinar um possível campo *além do princípio de prazer*, uma região que é ao mesmo tempo primordial, e, portanto, orientada por uma ideia de gênese e desenvolvimento, e independente, portanto marcada por uma força especial, uma natureza que se distingue da lógica econômica das forças dominantes até então centrais do psiquismo segundo Freud: o jogo do *princípio de prazer-desprazer / princípio da realidade.* De algum modo, nesse primeiro momento de sua anunciação, Freud já sabe, ou pensa, a orientação do *além do princípio de prazer* como mais primitiva e como portadora de uma força própria, distinta do princípio anterior – do prazer – que organizou a construção de sua psicanálise.

Essa é de fato a primeira indicação e o primeiro posicionamento do novo conceito, em meio a uma verdadeira multiplicidade de questões heterodoxas. A partir desse ponto Freud vai persegui-lo um pouco mais diretamente, utilizando seu grande poder de teorização e abstração, sua erudição particular e mobilização clara da linguagem.

Antes de adentrar a natureza da questão com todas as forças que lhe eram próprias, o psicanalista faz um comentário importante sobre a natureza do trabalho de teorizar, de construir conceitos em psicanálise, adiando ainda por um último instante o mergulho direto no novo conceito... Antes de se estabelecer no problema central, mas constantemente adiado em função da estrutura do texto, Freud lança um último ponto de mediação para poder falar daquilo que quer falar: um comentário sintético e muito nítido sobre e que é *teorizar* em psicanálise.

Todos esses movimentos, que constituem a forma do texto, de múltiplas aproximações, desde problemas e pontos de vista muito diferentes, e suas sucessivas suspensões, até o último segundo antes de adentrar definitivamente *o conceito*, são movimentos indutivos que criam *o campo do até então nunca pensado*; e esse trabalho de situar e de desdobrar razões que em alguma medida são absolutamente, novas, mas que fazem parte da tradição teórica antecedente é um exemplo perfeito de como a psicanálise cria seus conceitos, de como inaugura novos campos de problemas, de como chega a dizer o que nunca foi dito sobre o ser humano. No caso, o novíssimo *além do princípio de prazer* e sua noção correlata, a *pulsão de morte.*

Assim, mais do que nunca, a forma do texto faz parte daquilo que ele está tentando conceituar. Em *Além do princípio de prazer*, a própria forma do texto funciona como funcionaria o conceito por ele explicado. E o que Freud nos diz sobre a natureza da teorização psicanalítica, pouco antes de mergulhar mais diretamente no conceito central do trabalho, na ideia do *além do princípio de prazer* e na possibilidade da existência de uma *pulsão de morte*?

> O que agora segue é especulação, especulação que muitas vezes vai bastante longe e que cada um irá apreciar ou negligenciar conforme sua disposição específica. Além disso, é uma tentativa de explorar uma ideia de maneira consequente, por curiosidade de saber aonde isso levará.
>
> A especulação psicanalítica tem como ponto de partida a impressão, recebida durante a investigação de processos inconscientes, de que a consciência não pode ser a característica mais geral dos processos psíquicos, mas apenas uma função particular deles.

Este ponto, da especulação livre, original, e seu valor de sustentação de realidades psicanalíticas, de *objetos psicanalíticos*, será retomado e desenvolvido também ao longo de todo o ensaio. Tal noção – da legitimidade da especulação na formação do pensamento da psicanálise – será um canto paralelo do texto em relação à sua argumentação central. Também vemos claramente na citação a inteligência freudiana revelando seu pacto interno com *o prazer do jogo de criar*, segundo o qual a sublimação própria do pensamento científico corresponde a uma espécie de experiência lúdica, um direito do pensador e cientista, também um quase artista.

A discussão constante desses aspectos – sobre a natureza especulativa, inventiva, do conceito em psicanálise – e sua correspondência com os fatos psíquicos observados fará de *Além do princípio de prazer* um dos principais trabalhos freudianos sobre a natureza da psicanálise, só comparável a *A interpretação dos sonhos.* Essa dimensão de liberdade especulativa, criativa, plenamente autoconsciente do autor terá imenso impacto no posterior desenvolvimento da psicanálise e será retomada, em variadas formas e problemas, por muitos psicanalistas.

Além disso, a forma *aberta* do conceito, o fato de ele, como diz Freud, "poder ser aceito ou não", de acordo com os critérios do leitor, significa uma espécie de *nova emancipação da teorização psicanalítica*, que, a partir de *Além do princípio de prazer* está livre de um novo modo – liberada pelo próprio Freud – para se indagar a respeito de suas coisas. O *além do princípio de prazer* de Freud é um conceito *aberto à pesquisa posterior*, e assim ele foi de fato construído. Trata-se de um conceito *não necessário*, como eram *necessárias* as noções freudianas da primeira fase da sua teorização – pulsões sexuais, censura, defesa, recalcamento etc. –, mas necessário de um modo diferente, como um forte *impulso de renovação da psicanálise.* A seu respeito Freud escreveu:

> Poderiam me perguntar se e em que medida eu próprio estou convencido das hipóteses aqui desenvolvidas. Minha resposta seria que nem eu próprio estou convencido nem busco conquistar a crença de outros. Mais exatamente: não sei até que ponto acredito nelas. Parece-me que o fator afetivo da convicção não precisa de forma alguma ser aqui considerado. Afinal, uma pessoa pode se entregar a um raciocínio, segui-lo até onde leva, apenas por curiosidade científica ou, caso se queira, como *advocatus diaboli* que nem por isso vende a própria alma ao Diabo.

A noção de *pulsão de morte*, derivada da *compulsão à repetição* e do *além do princípio de prazer*, viria a ser uma das mais produtivas da história da psicanálise. Ao longo do tempo, surgiram psicanalistas que aceitavam a ideia freudiana de uma pulsão de morte presente no psiquismo desde a origem, concretizando-a e fixando-a como parte essencial de seu próprio pensamento, como Melanie Klein e todos os psicanalistas kleinianos, e também releituras e outras leituras sobre o sentido e sobre o valor desse impulso, como, entre outros, a pulsão de morte *da criança mal recebida* de Ferenczi, ou a pulsão de morte como *desobjetalização*, de André Green, ou como *gozo*, de Lacan, ou como *a manutenção da vida vegetativa ao corpo*, de Françoise Dolto, entre tantas versões da ideia. E, por fim, no extremo das posições possíveis, até mesmo a recusa da existência de alguma pulsão de morte na origem do desenvolvimento humano, na vida de um bebê no colo de sua mãe, de Donald Winnicott.

De fato, historicamente, a ideia freudiana frutificou muito, não parou de ser debatida, e, principalmente, para além de sua efetividade ou não, *produziu mais psicanálise*. Por isso é possível dizer que um movimento essencial do que poderíamos chamar a *psicanálise contemporânea* teve início aí.

Além do princípio de prazer foi escrito entre 1918 e 1920. Existe um sonho de Freud dessa mesma época que parece ter sido vivido como um verdadeiro sonho traumático, trazendo o masoquismo e o desejo de morte para o primeiro plano do seu próprio psiquismo. Esse sonho – o da indenização pela morte de seu filho na guerra – e sua análise foram acrescentados posteriormente ao corpo de *A interpretação dos sonhos*. Assim, a teorização da pulsão de morte, que deu início ao período de seu pensamento conhecido como *a segunda tópica freudiana*, também teve origem no trabalho de análise de sua própria vida inconsciente, de seus próprios sonhos. Antes de ser trabalhosamente isolada em uma trama riquíssima de sobreposição de argumentos os mais variados – da observação de bebês ao sentido da tragédia e da experiência psíquica da guerra –, a pulsão de morte de Freud também foi *sonhada por ele*, tendo a mesma origem profunda que a sua primeira psicanálise, expressa em *A interpretação dos sonhos*. Um momento fundamental da teoria psicanalítica, pelo menos em Freud, sempre tem origem em uma relação de trabalho com seus próprios sonhos, e sua análise.[1]

Desse modo, a multiplicidade de facetas e problemas que teceram o argumento central de *Além do princípio de prazer* lembra claramente a multiplicidade de linhas associativas do modo de Freud entender o sonho. Lembra, igualmente, a multiplicação livre de mediações com matérias preexistentes própria do gênero ensaio. E lembra também a multiplicidade de aproximações fragmentárias de um novo espaço de represen-

1. Discuto os problemas deste sonho e sua análise em "Freud e o outro sonho", em *O sonhar restaurado*, São Paulo, Editora 34, 2005.

tação, própria das vanguardas estéticas que se desenvolveram – elas também influenciadas por Freud e sua psicanálise – naqueles mesmos anos 1910 do século XX.

A presença disruptiva e de crise radical da Primeira Guerra Mundial (1914-1918) na consciência europeia daquele tempo produziu em muitos campos a ideia de uma ruptura na representação da realidade, até então orientada, positiva e progressista. Tanto o cubismo, de Picasso e Braque, quanto os múltiplos planos hetorodoxos da composição do *Ulisses*, de James Joyce (escrito entre 1918 e 1920) e a montagem múltipla e intelectual do cinema soviético do mesmo tempo parecem realmente ter profunda relação com a forma deste texto freudiano. Existe *correspondência* entre todas essas formas da época, como dizia Walter Benjamin. E também com o conteúdo do texto.

Todas essas *formações* culturais falam de um mundo que, ao mesmo tempo que multiplicava quase ao infinito seus objetos e problemas, bem como sua noção de homem, perdia um centro ordenador nítido, positivo, um princípio unificado que dava conta do sentido das coisas do mundo. Junto com a ideologia ocidental do progresso infinito – que entrou em crise radical com a eclosão da guerra de extermínio de massas em plena Europa – caía também por terra a ideia de uma realidade ordenada por princípios facilmente localizáveis, inteiramente passível de ser compreendida pela positividade da ciência.

Como Benjamin observou na época, os homens que voltaram da guerra de 1914-1918 viveram uma experiência de tal ordem que ela não podia mais ser contada como narrativa; eles estavam mudos sobre o que viveram, e desse modo aquilo que foi vivido na guerra estava fora da esfera da experiência. Uma experiência de excessos negativos tais que explodia o espaço de sua própria representação. Os psicanalistas da época, muitos dos quais passaram como médicos pela guerra, se interessaram pela mesma questão, que estava por todos os lados na vida europeia. Eles observaram a suspensão da vida psíquica pelo retorno constante do traumático, das neuroses de guerra e dos sonhos traumáticos – os mesmos que Freud discutiu em seu trabalho como um dos fundamentos de repetição de um possível *além do princípio de prazer*.

Seu próprio texto, com seus conceitos não inteiramente representáveis, multiplicados em argumentos parciais, sempre suspensos, e que fala de uma força que existiria sem estar comprometida com o positivo da vida – a compulsão à repetição, a pulsão primitiva de retorno ao inanimado –, certamente faz parte dos efeitos culturais traumáticos que a guerra total produziu no pensamento europeu. *Além do princípio de prazer* é também parte do árduo trabalho de elaborar e reinscrever, religar a Eros, a verdadeira crise mortífera, sob a forma da guerra nas primeiras décadas do século XX, que se abatera sobre o organismo ideológico da cultura ocidental.

Além do princípio de prazer

I

Na teoria psicanalítica, admitimos sem hesitar que o fluxo dos processos psíquicos é regulado automaticamente pelo princípio de prazer, isto é, acreditamos que esse fluxo seja sempre estimulado por uma tensão desprazerosa e então tome uma direção tal que seu resultado final coincida com uma diminuição dessa tensão, ou seja, com uma evitação de desprazer ou uma geração de prazer. Quando consideramos os processos psíquicos por nós estudados levando em conta esse fluxo, introduzimos o ponto de vista econômico em nosso trabalho. Julgamos que uma exposição que tente apreciar, ao lado dos fatores tópico e dinâmico, também esse fator econômico é a mais completa que por enquanto podemos imaginar, merecendo ser destacada com o nome de *metapsicológica.*

Nesse assunto, não nos interessa investigar até que ponto, com a instauração do princípio de prazer, nos aproximamos de ou aderimos a um determinado sistema filosófico historicamente estabelecido. Chegamos a tais hipóteses especulativas em meio ao empenho de descrever os fatos da observação cotidiana em nosso campo e de prestar contas sobre eles. Prioridade e originalidade não estão entre as metas colocadas ao trabalho psicanalítico, e as impressões que estão na base da instauração desse princípio são tão óbvias que dificilmente seria possível ignorá-las. Em compensação, mostraríamos de bom grado nosso reconhecimento a uma teoria filosófica ou psicológica que soubesse nos dizer quais são os significados das sensações de prazer e desprazer, tão imperativas para nós. Infelizmente, nada de aproveitável nos é oferecido sobre isso. Essa é a região mais obscura e inacessível da vida psíquica, e, se não conseguimos evitar tocá-la, a hipótese mais frouxa a respeito, assim penso, será a melhor. Decidimo-nos a relacionar o prazer e o desprazer com a quantidade de excitação disponível – e não, de alguma forma, ligada – na vida psíquica, de tal maneira que o desprazer corresponda a uma elevação dessa quantidade, e o prazer, a uma diminuição. Não pensamos, aí, numa relação simples entre a intensidade das sensações e as modificações relacionadas com elas; muito menos – segundo todas as experiências da psicofisiologia – numa proporcionalidade direta; é provável que o fator decisivo para a sensação seja a medida de diminuição ou aumento em determinado lapso de tempo. Aqui possivelmente entraria a experimentação; para nós, analistas, não é aconselhável um maior aprofundamento nesses problemas enquanto não possam nos guiar observações bem precisas.

No entanto, não podemos ficar indiferentes quando descobrimos que um pesquisador tão perspicaz quanto G.T. Fechner defendeu uma concepção de prazer e desprazer que no essencial coincide com aquela que nos é imposta pelo trabalho psicanalítico. A declaração de Fechner está contida em sua pequena obra *Algumas ideias sobre a história da criação e do desenvolvimento dos organismos*, de 1873 (seção XI, anexo, p. 94), e reza o seguinte: "Desde que os incitamentos conscientes sempre se encontrem em relação com o prazer ou o desprazer, também se pode pensar o prazer e o desprazer numa relação psicofísica com proporções de estabilidade e instabilidade, e sobre isso é possível fundamentar a hipótese, a ser desenvolvida com mais pormenores em outro lugar, de que todo movimento psicofísico que ultrapassar o limiar da consciência é dotado de prazer na medida em que, ultrapassando certo limite, se aproxime da completa estabilidade, e dotado de desprazer na medida em que, ultrapassando certo limite, se afaste dessa estabilidade, e isso enquanto existir entre ambos os limites, que cabe designar de limiares qualitativos do prazer e do desprazer, uma certa extensão de indiferença estética (...)".[1]

Os fatos que nos levaram a acreditar no domínio do princípio de prazer na vida psíquica também encontram sua expressão na hipótese de que o aparelho psíquico se empenha em manter a quantidade de excitação nele presente num nível o mais baixo possível, ou pelo menos constante. Trata-se da mesma coisa, apenas expressa em outras palavras, pois se o trabalho do aparelho psíquico se orienta no sentido de manter baixa a quantidade de excitação, tudo o que é capaz de aumentá-la deve ser percebido como contrafuncional, isto é, como desprazeroso. O princípio de prazer se deriva do princípio de constância; na realidade, o princípio de constância foi deduzido dos fatos que nos obrigaram a aceitar a hipótese do princípio de prazer. Ao aprofundarmos a discussão, também descobriremos que esse empenho do aparelho psíquico, por nós presumido, subordina-se, como caso especial, ao princípio fechneriano da *tendência à estabilidade*, com o

1. Segundo esclarecem os editores da *Freud-Studienausgabe*, o adjetivo "estético" tem aqui a conotação arcaica de "relativo à sensação ou à percepção". (N.T.)

qual esse pesquisador relacionou as sensações de prazer-desprazer.

Porém, então precisaremos dizer que na verdade é incorreto falar de um domínio do princípio de prazer sobre o fluxo dos processos psíquicos. Se tal domínio existisse, a esmagadora maioria de nossos processos psíquicos teria de ser acompanhada de prazer ou levar a ele, enquanto a experiência mais geral contradiz energicamente essa conclusão. Ou seja, a situação só pode ser a de que existe na psique uma forte tendência ao princípio de prazer, à qual no entanto se opõem certas outras forças ou circunstâncias, de maneira que o resultado final nem sempre pode corresponder à tendência ao prazer. Veja-se a observação de Fechner a propósito de um caso semelhante (1873, p. 90): "Porém, como a tendência à meta ainda não significa que ela tenha sido atingida, e a meta em geral só é atingível por aproximações (...)". Se agora nos voltarmos à questão de saber que circunstâncias são capazes de impedir a imposição do princípio de prazer, voltaremos a pisar em terreno firme e conhecido, podendo, para dar uma resposta, invocar nossas experiências analíticas em ampla medida.

O primeiro caso de tal inibição do princípio de prazer nos é familiar como um caso regular. Sabemos que o princípio de prazer é próprio de um modo de trabalho *primário* do aparelho psíquico e que ele é desde o começo inútil, e até perigoso em alto grau, para a autoafirmação do organismo em meio às dificuldades do mundo exterior. Sob a influência dos impulsos de autoconservação[2] do eu, ele é substituído pelo *princípio de realidade*, que, sem desistir do propósito de um ganho final de prazer, exige e impõe o adiamento da satisfação, a renúncia a muitas possibilidades para tanto e a tolerância temporária do desprazer no longo desvio que leva ao prazer. O princípio de prazer ainda continua sendo por muito tempo o modo de trabalho dos dificilmente "educáveis" impulsos sexuais, e acontece repetidamente que, seja a partir destes últimos, seja no próprio eu, ele subjugue o princípio de realidade com prejuízo para o organismo inteiro.

Entretanto, é indubitável que a substituição do princípio de prazer pelo princípio de realidade só pode ser responsabilizada por uma pequena parte, e não a mais intensa, das experiências de desprazer. Outra fonte de liberação de desprazer, não menos regular, resulta dos conflitos e cisões que ocorrem no aparelho psíquico enquanto o eu atra-

2. Em alemão, *Selbsterhaltungstriebe.* Salvo indicação em contrário, "impulso" corresponde sempre a *Trieb.* (N.T.)

vessa o seu desenvolvimento rumo a organizações de maior complexidade. Quase toda a energia que preenche o aparelho provém das moções de impulso herdadas, mas elas não são todas admitidas para as mesmas fases de desenvolvimento. Sucede repetidas vezes no meio do caminho que alguns impulsos ou parcelas de impulsos se mostrem incompatíveis em suas metas ou reivindicações com os demais, que podem se associar à unidade abrangente do eu. Eles são então separados dessa unidade por meio do processo de recalcamento, retidos em estágios inferiores do desenvolvimento psíquico e, de início, cortados da possibilidade de uma satisfação. Quando conseguem, depois de muita luta, obter por meio de rodeios uma satisfação direta ou substitutiva, o que acontece tão facilmente no caso dos impulsos sexuais recalcados, esse sucesso, que normalmente teria sido uma possibilidade de prazer, é sentido pelo eu como desprazer. Em consequência do antigo conflito que desembocou no recalcamento, o princípio de prazer experimentou uma nova ruptura, precisamente enquanto certos impulsos trabalhavam para obter um novo prazer em obediência a esse princípio. Os pormenores do processo por meio do qual o recalcamento transforma uma possibilidade de prazer numa fonte de desprazer ainda não foram bem compreendidos ou não podem ser claramente apresentados, mas todo desprazer neurótico é certamente desse tipo, é prazer que não pode ser sentido como tal.[3]

As duas fontes de desprazer aqui indicadas ainda não correspondem nem de longe à maioria de nossas vivências de desprazer, mas do resto se afirmará, com aparentes boas razões, que sua existência não contradiz o domínio do princípio de prazer. Afinal, a maior parte do desprazer que sentimos é desprazer perceptivo: ou é a percepção do pressionar de impulsos insatisfeitos ou é percepção externa, quer esta seja penosa em si mesma, quer suscite expectativas desprazerosas no aparelho psíquico, sendo reconhecida por ele como "perigo". A reação a essas exigências dos impulsos e a essas ameaças de perigo, reação em que se manifesta a verdadeira atividade do aparelho psíquico, pode então ser dirigida corretamente pelo princípio de prazer ou pelo princípio de realidade que o modifica. Assim, não parece necessário reconhecer uma restrição mais ampla do princípio de prazer, e, no entanto, precisamente a investigação da reação psíquica ao perigo externo pode fornecer material novo e questões novas a propósito do problema aqui tratado.

---

3. O essencial, provavelmente, é que o prazer e o desprazer estejam ligados ao eu na condição de sensações conscientes.

II

Um estado que sucede a graves abalos mecânicos, colisões de trens e outros acidentes envolvendo risco de morte foi descrito há muito e acabou ficando com o nome de "neurose traumática". A terrível guerra que acabou recentemente produziu um grande número desses adoecimentos e pelo menos deu um fim à tentação de atribuí-los a um dano orgânico do sistema nervoso provocado pela ação de uma força mecânica.[4] O quadro da neurose traumática se aproxima da histeria devido à sua riqueza de sintomas motores semelhantes, mas geralmente a supera devido aos sintomas fortemente desenvolvidos de sofrimento subjetivo, mais ou menos como numa hipocondria ou numa melancolia, e às provas de um enfraquecimento e uma deterioração gerais muito mais amplos das atividades psíquicas. Até agora ainda não se chegou a uma compreensão completa nem das neuroses de guerra nem das neuroses traumáticas dos tempos de paz. No caso das neuroses de guerra, foi esclarecedor, por um

4. Ver *Sobre a psicanálise das neuroses de guerra.* Com contribuições de Ferenczi, Abraham, Simmel e E. Jones (1919).

lado, mas por outro desconcertante que o mesmo quadro clínico se produzisse ocasionalmente sem a colaboração de uma força mecânica bruta; na neurose traumática comum, destacam-se dois traços que puderam servir de ponto de partida para a reflexão: primeiro, que a ênfase principal da causação parecia recair sobre o fator da surpresa, do susto; e, segundo, que na maioria das vezes um ferimento ou ferida sofridos ao mesmo tempo impediram o surgimento da neurose. "Susto", "medo" e "angústia" são expressões empregadas erroneamente como sinônimas; elas podem ser bem distinguidas entre si quanto à sua relação com o perigo. "Angústia" designa certo estado como a expectativa do perigo e a preparação para ele, ainda que seja desconhecido; o "medo" exige um objeto determinado do qual a pessoa sinta medo; "susto", porém, designa um estado em que a pessoa entra quando está em perigo sem estar preparada para ele; o susto acentua o fator da surpresa. Não acredito que a angústia possa produzir uma neurose traumática; na angústia há algo que protege do susto e, assim, também da neurose por susto. Voltaremos mais tarde a essa proposição.

Podemos considerar o estudo do sonho como o caminho mais confiável para investigar os processos psíquicos profundos. Bem, a vida onírica da neurose traumática apresenta a característica de reconduzir o paciente repetidamente à situação de seu acidente, da qual acorda com susto renovado. Ninguém se admira muito com isso. Acredita-se que o fato de a vivência traumática se impor repetidamente ao paciente até durante o sono seja precisamente uma prova da força da impressão deixada por essa vivência. O paciente estaria fixado psiquicamente no trauma, por assim dizer. Tais fixações na vivência que desencadeou o adoecimento já nos são conhecidas há muito tempo no caso da histeria. Breuer e Freud declararam em 1893 que os histéricos sofrem em grande parte devido a reminiscências. Também no caso das neuroses de guerra, observadores como Ferenczi e Simmel puderam explicar muitos sintomas motores por meio da fixação no momento do trauma.

No entanto, não tenho conhecimento de que as pessoas acometidas de neurose traumática se ocupem muito na vida de vigília da lembrança de seu acidente. Talvez se empenhem, antes, em não pensar nele. Caso se aceite como óbvio que o sonho noturno as coloca outra vez na situação adoecedora, não se compreende a natureza do sonho. Corresponderia a este, antes, apresentar ao paciente imagens do tempo em que ele estava saudável ou de sua esperada recuperação. Se não quisermos perder a confiança na tendência realizadora de desejos do sonho devido aos sonhos de neuróticos acidentários[5], talvez ainda nos reste a saída de afirmar que nesse estado a função onírica, como tantas outras coisas, também foi afetada e desviada de seus propósitos, ou então precisaríamos recordar as enigmáticas tendências masoquistas do eu.

Agora proponho abandonar o tema obscuro e sombrio da neurose traumática e estudar o modo de trabalho do aparelho psíquico em uma de suas mais precoces atividades normais. Refiro-me à brincadeira infantil.

As diferentes teorias sobre a brincadeira infantil foram reunidas e apreciadas analiticamente apenas há pouco por S. Pfeifer na revista *Imago* (V/4); posso indicar aqui esse trabalho. Essas teorias se empenham em descobrir os motivos da brincadeira das crianças sem colocar em primeiro plano o ponto de vista econômico, a consideração pelo ganho de prazer. Aproveitei, sem querer abranger o todo desses fenômenos,

5. Ou, numa tradução ainda mais literal, "neuróticos de acidente" (*Unfallsneurotiker*). (N.T.)

uma oportunidade que me foi oferecida para esclarecer a primeira brincadeira de um menino de um ano e meio de idade, uma brincadeira que ele mesmo inventou. Foi mais do que uma observação fugaz, pois passei algumas semanas vivendo sob o mesmo teto que a criança e seus pais, e levou relativamente bastante tempo até que a ação enigmática e constantemente repetida me revelasse seu sentido.

Essa criança não estava de maneira alguma adiantada em seu desenvolvimento intelectual; com um ano e meio, falava apenas umas poucas palavras inteligíveis, dispondo além disso de vários sons significativos que eram compreendidos pelo entorno. Mas ela tinha boas relações com os pais e a única empregada, sendo elogiada por causa de seu caráter "comportado". Não perturbava os pais durante a noite, obedecia conscienciosamente às proibições de tocar vários objetos e entrar em certos cômodos, e, sobretudo, nunca chorava quando a mãe a deixava por horas, embora estivesse ternamente ligada a essa mãe, que não só a alimentou por conta própria, mas também cuidou e tomou conta dela sem qualquer ajuda alheia. Só que essa criança bem-comportada tinha o hábito, às vezes incômodo, de jogar para bem longe de si – num canto, debaixo de uma cama etc. – todos os pequenos objetos que pegava, de modo que encontrar seus brinquedos muitas vezes não era um trabalho fácil. Ao fazê-lo, emitia, com expressão de interesse e satisfação, um alto e longo *ó-ó-ó-ó*, que, segundo o juízo unânime da mãe e deste observador, não era uma interjeição, mas significava "*fort*" [foi embora]. Finalmente percebi que aquilo era uma brincadeira e que a criança usava todos os seus brinquedos apenas para brincar de "foi embora" com eles. Um dia, então, fiz a observação que confirmou minha concepção. A criança tinha um carretel de madeira com um fio enrolado nele. Jamais lhe ocorria, por exemplo, arrastá-lo atrás de si pelo chão, ou seja, brincar de carrinho com ele, mas jogava o carretel com grande habilidade, segurando-o pelo fio, sobre a borda de sua caminha com dossel, de maneira que ele desaparecia dentro dela; enquanto isso, pronunciava o seu significativo *ó-ó-ó-ó* e então puxava o carretel pelo fio para fora da cama, agora saudando seu aparecimento com um alegre "*da*" [aí está]. Essa era, portanto, a brincadeira completa, desaparecimento e retorno, da qual na maioria das vezes víamos apenas o primeiro ato, e este foi repetido incansavelmente como brincadeira isolada, embora o prazer maior sem dúvida estivesse ligado ao segundo ato.[6]

A interpretação da brincadeira era óbvia então. Relacionava-se com o grande feito cultural da criança, com a renúncia impulsional (renúncia à satisfação dos impulsos) que ela tinha realizado ao permitir que a mãe fosse embora sem opor resistência. A criança se compensava, por assim dizer, encenando ela própria esse mesmo desaparecimento e retorno com os objetos a seu alcance. Naturalmente, pouco importa para a avaliação afetiva dessa brincadeira se a criança a inventou por conta própria ou dela se apropriou em consequência de um estímulo. Nosso interesse se voltará para outro ponto. É impossível que a partida da mãe tenha sido agradável ou mesmo apenas indiferente para a criança. Como, pois, harmoniza-se com o princípio de prazer que ela repita como brincadeira essa vivência que lhe é penosa? Talvez

6. Essa interpretação foi confirmada plenamente depois por outra observação. Quando, certo dia, a mãe tinha ficado fora por muitas horas, foi saudada em seu retorno com esta notícia: "*Bebi ó-ó-ó-ó!*", que de início não foi compreendida. Mas logo se descobriu que durante esse longo período de solidão a criança tinha encontrado um meio para dar sumiço a si própria. Tinha descoberto sua imagem num espelho que chegava quase até o chão e então se acocorava, de maneira que a imagem no espelho "ia embora".

alguém responda dizendo que a partida tinha de ser representada como precondição do agradável reaparecimento; neste último estaria a genuína intenção da brincadeira. Essa resposta é refutada pela observação de que o primeiro ato, a partida, era encenado como brincadeira isolada, e isso com uma frequência muito maior que o todo que continuava até o final prazeroso.

A análise de semelhante caso isolado não fornece uma decisão segura; numa observação imparcial, fica-se com a impressão de que a criança transformou a vivência em brincadeira por outro motivo. Ela estava passiva, foi afetada pela vivência e agora se coloca num papel ativo ao repeti-la como brincadeira, embora essa vivência tenha sido desprazerosa. Esse empenho poderia ser atribuído a um impulso de posse que se torna independente do fato de a lembrança em si ter sido prazerosa ou não. No entanto, pode-se também tentar outra interpretação. O arremesso do objeto, de maneira que desapareça, poderia ser a satisfação de um impulso, reprimido na vida, de vingar-se [*Racheimpuls*] da mãe porque ela se afastou da criança e que poderia ter este conteúdo teimoso: "Sim, vai embora, não preciso de ti, eu mesmo te mando embora". A mesma criança que observei com um ano e meio em sua primeira brincadeira costumava, um ano depois, jogar ao chão um brinquedo com o qual tinha se aborrecido, dizendo enquanto isso: "Vai pra gue(rr)a!". Contaram-lhe na época que o pai ausente se encontrava na guerra, e o menino não sentia a menor falta dele, mas dava os sinais mais claros de que não queria ser perturbado na posse exclusiva da mãe.[7] Também sabemos de outras crianças que podem expressar moções hostis semelhantes por meio do arremesso de objetos em lugar de pessoas.[8] Assim, ficamos em dúvida sobre se a pressão para elaborar psiquicamente algo impressionante, para se apossar totalmente disso, pode se manifestar de maneira primária e independente do princípio de prazer. No caso aqui discutido, a criança só poderia repetir uma impressão desagradável na brincadeira porque a essa repetição está ligado um ganho de prazer de outro tipo, porém direto.

Mesmo se continuarmos examinando a brincadeira infantil, isso não nos ajuda a resolver

7. A mãe morreu quando a criança tinha cinco anos e nove meses. Agora que a mãe tinha realmente "ido embora" (*ó-ó-ó*), o menino não mostrava qualquer luto por ela. Nesse meio-tempo, no entanto, nascera uma segunda criança, que tinha despertado o seu mais intenso ciúme.

8. Ver "Uma lembrança de infância de *Poesia e verdade*" (1917 *b*).

nossa indecisão entre as duas concepções. Vê-se que as crianças repetem na brincadeira tudo aquilo que lhes causou grande impressão na vida; que, ao fazê-lo, ab-reagem a intensidade da impressão e, por assim dizer, se tornam donas da situação. Mas, por outro lado, é bastante claro que todo o seu brincar se encontra sob a influência do desejo que domina esse período, o desejo de ser grande e poder fazer o que fazem os adultos. Também se observa que o caráter desprazeroso da vivência nem sempre a torna inutilizável para a brincadeira. Quando o médico examina a garganta de uma criança ou faz uma pequena cirurgia nela, essa vivência assustadora se tornará, com toda certeza, o conteúdo da próxima brincadeira, mas não se pode ignorar aí o ganho de prazer oriundo de outra fonte. Ao passar da passividade do vivenciar para a atividade do brincar, a criança inflige a um companheiro de brincadeiras as coisas desagradáveis que a ela própria aconteceram, vingando-se assim na pessoa desse substituto.

Em todo caso, resulta dessas discussões que é supérflua a hipótese de um impulso imitativo especial como motivo do brincar. Acrescentemos ainda o lembrete de que o brincar e o imitar artísticos dos adultos, que, à diferença do comportamento da criança, visam a pessoa do espectador, não poupam a este as mais dolorosas impressões – por exemplo, na tragédia – e, no entanto, podem ser sentidos por ele como um elevado gozo. Assim, somos persuadidos de que também sob o domínio do princípio de prazer existem meios e caminhos suficientes para transformar o que em si mesmo é desprazeroso em objeto da lembrança e da elaboração psíquica. Uma estética economicamente orientada poderá se ocupar desses casos e situações que desembocam num ganho final de prazer; eles nada fazem em favor de nossos propósitos, pois pressupõem a existência e o domínio do princípio de prazer, e não testemunham em favor da efetividade de tendências além do princípio de prazer, isto é, tendências que fossem mais primordiais que esse princípio e dele independentes.

III

Vinte e cinco anos de trabalho intenso trouxeram consigo uma mudança nas metas imediatas da técnica psicanalítica, que hoje são inteiramente diferentes do que eram no começo. De início, o médico analista não podia aspirar a outra coisa senão descobrir o inconsciente oculto ao paciente, combiná-lo em suas partes e, no devido momento, comunicá-lo. A psicanálise era sobretudo uma arte interpretativa. Visto que isso não resolvia a tarefa terapêutica, logo se apresentou o propósito imediato de obrigar o paciente a confirmar a construção por meio de sua própria memória. Nesse empenho, a ênfase principal recaía sobre as resistências do paciente; a arte consistia agora em descobri-las o quanto antes, mostrá-las ao paciente e levá-lo mediante influência humana (aqui é o lugar da sugestão atuando como "transferência") a desistir delas.

Porém, ficou cada vez mais claro que a meta estabelecida, a tomada de consciência acerca do inconsciente, tampouco era plenamente atingível por esse caminho. O doente não consegue lembrar de tudo o que nele está recalcado, talvez precisamente não o essencial, e assim não fica persuadido da exatidão da construção que lhe é comunicada. Ele é antes obrigado a *repetir* o recalcado como uma vivência presente, em vez de, como o médico preferiria, *recordá-lo* como uma parte do passado.[9] Essa reprodução, que surge com fidelidade indesejada, sempre tem por conteúdo uma parte da vida sexual infantil, ou seja, do complexo de Édipo e de suas ramificações, e geralmente se passa no âmbito da transferência, isto é, da relação com o médico. Quando se chega a esse ponto do tratamento, pode-se dizer que a neurose anterior foi substituída por uma neurose de transferência nova. O médico se esforçou em limitar ao máximo a esfera dessa neurose de transferência, forçar a lembrança do maior número de coisas possível e admitir que o mínimo possível se repita. A proporção que se estabelece entre lembrança e reprodução é diferente em cada caso. Em geral, o médico não pode poupar o paciente analisado dessa fase do tratamento; precisa permitir-lhe que reviva certa parte de sua vida esquecida e cuidar para que se conserve um grau de supremacia, graças ao qual a realidade aparente seja sempre reconhecida como reflexo de

9. Ver "Recomendações adicionais sobre a técnica da psicanálise: II. Lembrar, repetir e elaborar" (1914 *g*).

um passado esquecido. Se isso funciona, ganha-se a convicção do paciente e o sucesso terapêutico que dela depende.

Para achar mais compreensível essa *compulsão à repetição* que se manifesta durante o tratamento psicanalítico dos neuróticos, é preciso livrar-se sobretudo do erro de que, ao combater as resistências, se está lidando com a resistência do "inconsciente". O inconsciente, isto é, o "recalcado", não oferece absolutamente nenhuma resistência aos esforços do tratamento e nem sequer aspira a outra coisa senão, opondo-se ao fardo que pesa sobre ele, chegar até a consciência ou até a descarga por meio da ação real. A resistência que ocorre no tratamento tem origem nas mesmas camadas e sistemas superiores da vida psíquica que no passado efetuaram o recalcamento. Porém, visto que os motivos das resistências e mesmo elas próprias, conforme o comprova a experiência, são de início inconscientes no tratamento, somos advertidos a retificar uma inadequação de nossa linguagem. Escapamos à falta de clareza quando não opomos o inconsciente e o consciente, e sim o *recalcado* e o *eu* coerente. Muitas coisas no eu são com certeza elas próprias inconscientes, precisamente aquelas que podemos chamar de núcleo do eu; cobrimos apenas uma pequena parte delas com o nome de *pré-consciente.* Depois de substituir uma linguagem meramente descritiva por uma sistemática ou dinâmica, podemos dizer que a resistência dos analisandos tem origem no seu eu, e então compreendemos de imediato que a compulsão à repetição deve ser atribuída ao recalcado inconsciente. É provável que essa compulsão não tenha podido se manifestar até que o solícito trabalho do tratamento tenha afrouxado o recalcamento.[10]

Não há dúvida de que a resistência do eu consciente e pré-consciente se encontra a serviço do princípio de prazer; afinal, ela quer poupar o desprazer que seria causado pela liberação do recalcado, e nosso esforço se dirige no sentido de obter tolerância para esse desprazer, apelando ao princípio de realidade. Porém, em que relação com o princípio de prazer se encontra a compulsão à repetição, a expressão de força do recalcado? Está claro que a maior parte do que a compulsão à repetição faz a pessoa reviver deve causar desprazer ao eu, pois, afinal, traz à luz

10. Explico em outro texto ("Observações sobre a teoria e a prática da interpretação dos sonhos", 1923 *c*) que é o "efeito sugestivo" do tratamento que vem aqui em auxílio da compulsão à repetição, ou seja, a obediência ao médico, profundamente fundamentada no complexo parental inconsciente.

atividades de moções de impulso recalcadas, mas esse é um desprazer que já reconhecemos, que não contradiz o princípio de prazer; é desprazer para um sistema e, ao mesmo tempo, satisfação para o outro. No entanto, o fato novo e notável que agora precisamos descrever é que a compulsão à repetição também traz de volta aquelas vivências do passado que não contêm qualquer possibilidade de prazer, que também naquela época não podem ter sido satisfações, nem mesmo de moções de impulso recalcadas desde então.

O primeiro florescimento da vida sexual infantil estava destinado ao declínio em virtude da incompatibilidade de seus desejos com a realidade e à insuficiência do estágio de desenvolvimento infantil. Esse florescimento sucumbiu nas ocasiões mais penosas, em meio a sensações profundamente dolorosas. A perda do amor e o fracasso deixaram um dano permanente na autoconfiança sob a forma de uma cicatriz narcísica, o que, segundo minha experiência e também conforme as explicações de Marcinowski (1918), é a mais forte contribuição ao frequente "sentimento de inferioridade" dos neuróticos. A criança não conseguiu levar a investigação sexual a uma conclusão satisfatória, pois seu desenvolvimento corporal colocou barreiras a ela; daí a queixa posterior:

"Não consigo terminar nada; nada dá certo para mim". A ligação terna estabelecida na maioria das vezes com o progenitor do sexo oposto sucumbiu à desilusão, à vã espera por satisfação, ao ciúme pelo nascimento de outra criança, fato que provou inequivocamente a infidelidade do amado ou da amada; a própria tentativa, empreendida com seriedade trágica, de produzir ela mesma uma criança dessas fracassou de maneira vergonhosa; a retirada da ternura dispensada ao pequeno, a exigência intensificada da educação, palavras sérias e um castigo ocasional finalmente lhe revelaram toda a extensão do *desdém* que lhe coube. Há aqui alguns poucos tipos, que retornam de maneira regular, de como se coloca um fim ao amor típico desse período da infância.

Todas essas ocasiões indesejadas e situações afetivas dolorosas são repetidas e reanimadas com grande habilidade pelos neuróticos na transferência. Eles aspiram à interrupção do tratamento inacabado, sabem obter outra vez a impressão de desdém, sabem forçar o médico a pronunciar palavras duras e ter um comportamento frio com eles, encontram os objetos apropriados para seu ciúme, substituem a criança ardentemente ansiada da época primordial pela intenção ou pela promessa de um grande presente, que na maioria das vezes se torna tão pouco real quanto aquela. Nada, disso tudo, pôde dar prazer outrora; poderíamos pensar que hoje, quando surgisse nos sonhos ou como lembrança, deveria provocar um desprazer menor do que se tomasse a forma de uma vivência nova. Naturalmente, trata-se da ação de impulsos que deveriam conduzir à satisfação, só que de nada serviu a experiência de, em vez disso, também no passado, apenas terem trazido desprazer. Apesar disso, ela é repetida; uma compulsão impele a tanto.

A mesma coisa que a psicanálise mostra nos fenômenos transferenciais dos neuróticos também pode ser encontrada na vida de pessoas não neuróticas. No caso destas, dá a impressão de um destino que as persegue, de um traço demoníaco em seu viver, e desde o início a psicanálise considerou tal destino como sendo em grande parte preparado pela própria pessoa e determinado por influências da primeira infância. A compulsão que aí se manifesta não se distingue da compulsão à repetição dos neuróticos, ainda que essas pessoas nunca tenham dado sinais de um conflito neurótico solucionado mediante formação de sintomas. Assim, conhecemos pessoas para quem todas as relações humanas têm o mesmo desfecho: benfeitores que, depois de algum tempo, são abandonados rancorosamente por cada um de seus protegidos, por mais diferentes que estes possam ser, ou seja, pessoas que parecem destinadas a sofrer toda a amargura da ingratidão; homens para quem toda amizade acaba com a traição do amigo; outros que repetem incontáveis vezes em sua vida o processo de elevar outra pessoa a uma posição de grande autoridade, para si mesmos ou também para o público, e que, depois de um tempo contado, derrubam eles próprios essa autoridade a fim de substituí-la por uma nova; amantes para quem toda ligação terna com uma mulher passa pelas mesmas fases e leva ao mesmo fim etc. Admiramo-nos apenas pouco com esse "eterno retorno do mesmo" quando se trata de um comportamento *ativo* da pessoa em questão e quando descobrimos o traço de caráter imutável de sua natureza que precisa se manifestar na repetição das mesmas vivências. Exercem um efeito muito mais forte sobre nós aqueles casos em que a pessoa parece vivenciar alguma coisa *passivamente*, sobre a qual não lhe cabe influência, quando, no entanto, sempre vivencia apenas a repetição do mesmo destino. Pense-se, por exemplo, na história daquela mulher que se casou três vezes sucessivas com homens que adoeceram pouco tempo depois e que tiveram de ser cuidados por ela até a morte.[11] A figuração poética mais comovente de semelhante traço fatídico foi dada por Tasso na epopeia romântica *Jerusalém libertada*. Sem saber, o herói, Tancredo, matou sua amada Clorinda quando ela lutou com ele vestindo a armadura de um cavaleiro inimigo. Depois de seu enterro, ele entra na sinistra floresta mágica que intimida o exército dos cruzados. Ali ele parte em duas uma árvore alta com sua espada; o sangue jorra do corte da árvore e a voz de Clorinda, cuja alma estava presa nessa árvore, o acusa de ter novamente prejudicado sua amada.

Diante de tais observações extraídas do comportamento na transferência e do destino das pessoas, encontraremos a coragem para a hipótese de que na vida psíquica realmente há uma compulsão à repetição que se coloca acima do princípio de prazer. Agora também estaremos inclinados a relacionar com essa compulsão os sonhos dos neuróticos acidentários e o incitamento para brincar da criança. No entanto, precisamos dizer a nós mesmos que só em casos raros podemos apreender puramente, sem ajuda de outros motivos, os efeitos da compulsão à repetição.

---

11. Ver a propósito as observações certeiras de um ensaio de C.G. Jung, "A importância do pai para o destino do indivíduo" (1909).

No caso da brincadeira infantil, já acentuamos que sua origem admite outras interpretações. A compulsão à repetição e a satisfação prazerosa direta dos impulsos parecem se entrelaçar aí em íntima comunhão. Os fenômenos da transferência estão manifestamente a serviço da resistência do eu, que insiste no recalcamento; a compulsão à repetição, da qual o tratamento queria fazer uso, é, por assim dizer, puxada para si pelo eu, que quer se aferrar ao princípio de prazer. Nisso que se poderia chamar de compulsão do destino, muitas coisas nos parecem compreensíveis por meio da reflexão racional, de maneira que não se sente a necessidade de instaurar um novo e misterioso motivo. O mais insuspeito é talvez o caso dos sonhos com acidentes, mas, pensando melhor, é preciso admitir que também nos outros exemplos o estado de coisas não é abrangido pela ação dos motivos que conhecemos. Restam coisas suficientes para justificar a hipótese da compulsão à repetição, e esta nos parece mais originária, mais elementar e mais determinada pelos impulsos do que o princípio de prazer, que ela desloca para o lado. Porém, se existe uma tal compulsão à repetição no psíquico, gostaríamos de saber algo sobre a função à qual corresponde, sob que condições pode se manifestar e em que relação se encontra com o princípio de prazer, ao qual, no fim das contas, atribuímos até agora o domínio sobre o fluxo dos processos excitatórios na vida psíquica.

IV

O que agora segue é especulação, especulação que muitas vezes vai bastante longe e que cada um irá apreciar ou negligenciar conforme sua disposição específica. Além disso, é uma tentativa de explorar uma ideia de maneira consequente, por curiosidade de saber até onde isso levará.

A especulação psicanalítica tem como ponto de partida a impressão, recebida durante a investigação de processos inconscientes, de que a consciência não pode ser a característica mais geral dos processos psíquicos, mas apenas uma função particular deles. Em linguagem metapsicológica, ela sustenta que a consciência é a operação de um sistema específico, que nomeia de *Cs.* Visto que, no essencial, a consciência fornece percepções de excitações que vêm do mundo exterior e sensações de prazer e desprazer que só podem provir do interior do aparelho psíquico, pode-se atribuir uma posição espacial ao sistema *P-Cs.*[12] Ele precisa estar na fronteira entre o exterior e o interior, estar voltado para o mundo exterior e envolver os outros siste-

12. Isto é, sistema perceptivo-consciente (N.T.).

mas psíquicos. Notamos então que com essas hipóteses não ousamos nada novo, mas nos associamos à anatomia cerebral localizadora, que situa a "sede" da consciência no córtex cerebral, na camada mais externa, envolvente, do órgão central. A anatomia cerebral não precisa se preocupar com a questão de saber por que – anatomicamente falando – a consciência está alojada precisamente na superfície do cérebro, em vez de, bem guardada, habitar em algum lugar no interior mais íntimo dele. Talvez consigamos, no caso de nosso sistema *P-Cs*, ir mais longe na dedução de tal posição.

A consciência não é a única peculiaridade que atribuímos aos processos nesse sistema. Apoiamo-nos nas impressões de nossa experiência psicanalítica quando supomos que todos os processos excitatórios nos outros sistemas deixam neles marcas permanentes como base da memória, ou seja, restos mnêmicos que nada têm a ver com a conscientização. Muitas vezes, essas marcas são mais fortes e mais duradouras quando o processo que as deixou nunca chegou à consciência. Porém, achamos difícil de acreditar que tais marcas permanentes da excitação também surjam no sistema *P-Cs*. Se elas ficassem sempre conscientes, logo, logo limitariam a aptidão do sistema para receber novas excitações[13]; caso contrário, se elas se tornassem inconscientes, nos colocariam diante da tarefa de explicar a existência de processos inconscientes num sistema cujo funcionamento normalmente é acompanhado pelo fenômeno da consciência. Por meio de nossa hipótese, que relega a conscientização a um sistema específico, não teríamos, por assim dizer, mudado nada nem ganhado coisa alguma. Embora essa não seja uma ponderação absolutamente segura, ela pode, no entanto, nos levar à suposição de que a conscientização e a ação de deixar uma marca mnêmica são incompatíveis no mesmo sistema. Assim, poderíamos dizer que o processo excitatório se torna consciente no sistema *Cs*, mas não deixa nele qualquer marca permanente; todas as marcas desse processo, sobre as quais a memória se baseia, surgiriam nos sistemas internos adjacentes quando a excitação se propagasse até eles. É nesse sentido que também foi esboçado o esquema que inseri no capítulo especulativo de minha *Interpretação dos sonhos* (1900). Quando se pensa sobre o quão pouco sabemos de outras fontes acerca da origem da consciência, a tese de que *a consciência surge em lugar da marca mnê-*

13. Isso é inteiramente baseado na discussão de J. Breuer no capítulo teórico dos *Estudos sobre a histeria.*

mica deverá, pelo menos, receber a importância de uma asserção de alguma maneira exata.

O sistema *Cs* seria portanto caracterizado pela peculiaridade de o processo excitatório não deixar nele, ao contrário do que ocorre em todos os outros sistemas psíquicos, uma modificação permanente de seus elementos, mas, por assim dizer, se dissipar no fenômeno da conscientização. Semelhante desvio da regra geral exige uma explicação por meio de um fator a ser considerado exclusivamente nesse sistema, e esse fator, que caberia negar aos outros sistemas, poderia facilmente ser a situação exposta do sistema *Cs*, sua adjacência imediata ao mundo externo.

Imaginemos o organismo vivo em sua maior simplificação possível, sob a forma de uma vesícula indiferenciada de substância estimulável; então sua superfície voltada para o mundo exterior é diferenciada pela sua própria posição e serve como órgão receptor de estímulos. A embriologia como repetição da história evolutiva também mostra realmente que o sistema nervoso central provém do ectoderma, e o córtex cerebral cinzento ainda é um derivado da superfície primitiva e poderia ter assumido qualidades essenciais dela por via hereditária. Seria facilmente imaginável, então, que o choque incessante dos estímulos externos na superfície da vesícula modificasse sua substância de maneira permanente até uma certa profundidade, de modo que seu processo excitatório transcorresse de maneira distinta do que em camadas mais profundas. Formar-se-ia assim um córtex que por fim está tão marcado pelo efeito dos estímulos que ele oferece as condições mais favoráveis à sua recepção e não é suscetível de modificação adicional. Transferido para o sistema *Cs*, isso significaria que seus elementos não podem mais aceitar qualquer modificação permanente por ocasião da passagem da excitação, pois já estão modificados ao máximo em vista desse efeito. Porém, assim estão capacitados a permitir o surgimento da consciência. Em que consiste essa modificação da substância e de seu processo excitatório, eis um tema sobre o qual se podem imaginar muitas coisas que por ora escapam à verificação. Pode-se supor que em seu avanço de um elemento a outro a excitação tenha uma resistência a superar e que justamente essa diminuição da resistência estabeleça a marca permanente da excitação (facilitação); ou seja, no sistema *Cs* não existiria mais semelhante resistência de passagem entre um elemento e outro. Pode-se conciliar essa representação com a distinção breueriana entre energia de investimento em repouso (ligada) e livremente móvel nos elementos dos sistemas psíquicos[14]; assim, os elementos do sistema *Cs* não conduziriam qualquer energia ligada, mas apenas energia livremente descarregável. Penso, contudo, que por ora é melhor exprimir-se da maneira mais imprecisa possível sobre essa situação. Em todo caso, por meio dessa especulação teríamos entrelaçado em certa concatenação a origem da consciência com a posição do sistema *Cs* e as peculiaridades do processo excitatório a ele atribuíveis.

Ainda temos outras coisas a discutir a propósito da vesícula viva com sua camada cortical receptora de estímulos. Esse pedacinho de substância viva paira em meio a um mundo exterior carregado com as mais intensas energias, e seria fulminado pelos efeitos dos estímulos desse mundo se não fosse dotado de uma *proteção contra estímulos.* Ele a obtém da seguinte maneira: sua superfície mais externa abandona a estrutura conveniente às coisas vivas, torna-se de certa maneira inorgânica e então, sob a forma de um envoltório ou membrana especial, atua detendo estímulos, isto é, faz com que as energias do mundo exterior possam se propagar com uma fração de sua intensidade até as camadas seguintes, que

14. *Estudos sobre a histeria*, de J. Breuer e Freud (1895).

ficaram vivas. Estas podem então se dedicar, por trás da proteção contra estímulos, à recepção das quantidades de estímulo cuja passagem foi permitida. Porém, mediante sua morte, a camada externa protegeu todas as camadas mais profundas do mesmo destino, pelo menos enquanto não receber estímulos de intensidade tal que rompam a proteção contra eles. Para o organismo vivo, a proteção contra estímulos é uma tarefa quase mais importante que sua recepção; ele é provido de um estoque de energia próprio e precisa, sobretudo, estar empenhado em proteger as formas especiais de conversão de energia que nele ocorrem contra a influência niveladora, ou seja, destruidora, das imensas energias que trabalham no exterior. A recepção de estímulos serve sobretudo ao propósito de tomar conhecimento da orientação e do tipo dos estímulos externos, e, para tanto, deve ser suficiente tirar pequenas amostras do mundo exterior, prová-lo em pequenas quantidades. Nos organismos altamente desenvolvidos, a camada cortical receptora de estímulos da antiga vesícula se retraiu há muito tempo para as profundezas do interior do corpo, mas partes dessa camada ficaram na superfície, imediatamente abaixo da proteção geral contra estímulos. São os órgãos sensoriais, que, no essencial, contêm dispositivos para a recepção de influências estimuladoras específicas, mas, além disso, mecanismos especiais para uma proteção renovada contra quantidades de estímulo desmedidas e para deter tipos inadequados de estímulo. É característico desses órgãos assimilar apenas quantidades muito pequenas do estímulo externo, examinar apenas amostras do mundo exterior; talvez se possa compará-los a antenas, que se aproximam do mundo exterior tateando e repetidamente se retraem.

Permito-me neste ponto tocar brevemente um tema que mereceria ser tratado da maneira mais detalhada. A tese kantiana de que o tempo e o espaço são formas necessárias de nosso pensamento pode hoje ser submetida a uma discussão devido a certos conhecimentos psicanalíticos. Ficamos sabendo que os processos psíquicos inconscientes são em si mesmos "atemporais". Antes de mais nada, isso significa que não são ordenados temporalmente, que o tempo nada modifica neles, que não se pode aplicar a eles a representação de tempo. Essas são características negativas, que só podemos esclarecer por meio de comparação com os processos psíquicos conscientes. Nossa representação abstrata de tempo parece antes ter sido completamente extraída do modo de trabalho do sistema *P-Cs* e corresponder a uma autopercepção dele. No caso desse modo de funcionamento do sistema, seria lícito percorrer outro caminho de proteção contra estímulos. Sei que essas afirmações soam bastante obscuras, mas preciso me limitar a tais alusões.

Expusemos até agora que a vesícula viva está dotada de uma proteção contra estímulos do mundo exterior. Há pouco, estabelecemos que a camada cortical seguinte dessa vesícula precisa ser diferenciada sob a forma de órgão para a recepção de estímulos de fora. Porém, essa camada cortical sensível, o posterior sistema *Cs*, também recebe excitações vindas de dentro; a posição do sistema, entre o exterior e o interior, e a diferença de condições para a influência provinda de um lado e de outro se tornam determinantes para a operação do sistema e de todo o aparelho psíquico. Frente ao exterior há uma proteção contra estímulos, as grandezas de excitação que chegam agirão apenas em escala reduzida; frente ao interior, a proteção contra estímulos é impossível, as excitações das camadas mais profundas se propagam pelo sistema diretamente e em quantidade não reduzida na medida em que certas características de seu fluxo produzem a série das sensações de prazer-desprazer. No entanto, as excitações provenientes de dentro, segundo sua intensidade e outras características qualitativas (eventualmente segundo sua amplitude), serão mais adequadas ao modo de trabalho do sistema do que os estímulos que afluem do mundo exterior. Porém, duas coisas são determinadas decisivamente por essas circunstâncias: primeiro, a prevalência das sensações de prazer e desprazer, que são um indício dos processos no interior do aparelho, sobre todos os estímulos externos; segundo, uma orientação do comportamento contra aquelas excitações internas que produzem um aumento de desprazer grande demais. Surgirá a tendência a tratá-las como se não agissem de dentro, mas de fora, para que se possa empregar contra elas os meios defensivos da proteção contra estímulos. Essa é a origem da *projeção*, à qual está reservado um papel tão grande na causação de processos patológicos.

Tenho a impressão de que por meio das últimas reflexões nos aproximamos da compreensão do domínio do princípio de prazer; não chegamos, porém, a um esclarecimento daqueles casos que a ele se opõem. Por isso, vamos dar mais um passo. Aquelas excitações de fora que são fortes o bastante para romper a proteção contra estímulos são chamadas por nós de *traumáticas*. Acredito que o conceito de trauma exige tal relação com um impedimento de estímulos normalmente eficiente. Um acontecimento como o trauma exterior certamente produzirá uma tremenda perturbação no funcionamento energético do organismo e colocará em movimento todos os meios defensivos. De início, porém, o princípio de prazer é revogado. A inundação do aparelho psíquico com grandes quantidades de estímulo não pode mais ser detida; faz-se necessária, antes, outra tarefa, a de dar conta do estímulo, de ligar psiquicamente as quantidades de estímulo invasoras para então despachá-las.

É provável que o desprazer específico da dor física resulte do rompimento, em extensão limitada, da proteção contra estímulos. Desse ponto da periferia, afluem então ao aparelho psíquico central excitações contínuas como normalmente só poderiam vir do interior do aparelho.[15] E o que podemos esperar como reação da vida psíquica a essa invasão? A energia de investimento é convocada de todos os lados para produzir investimentos energéticos de nível correspondente nas proximidades do ponto de ruptura. Produz-se um tremendo "contrainvestimento", em favor do qual todos os outros sistemas psíquicos empobrecem, de modo que acontece uma extensa

15. Ver "Os impulsos e seus destinos" (1915 *c*).

paralisia ou redução do funcionamento psíquico normal. Procuramos aprender com tais exemplos, apoiar nossas conjecturas metapsicológicas em tais modelos. Portanto, desse comportamento tiramos a conclusão de que um sistema dotado ele próprio de um alto investimento é capaz de receber a energia nova que a ele aflui, capaz de transformá-la em investimento em repouso, ou seja, de "ligá-la" psiquicamente. Quanto maior o investimento próprio em repouso, tanto maior também seria sua força ligante; inversamente, quanto menor seu investimento, tanto menos o sistema estará capacitado para a recepção de energia afluente e tanto mais violentas precisam ser as consequências de semelhante ruptura da proteção contra estímulos. A essa concepção se objetará, sem razão, que o aumento do investimento em torno do ponto de ruptura se explicaria de maneira muito mais simples pela condução direta das quantidades de excitação que chegam. Se assim fosse, o aparelho psíquico apenas experimentaria um aumento de seus investimentos energéticos, e o caráter paralisante da dor, o empobrecimento de todos os outros sistemas, ficaria sem explicação. Nem mesmo os efeitos de descarga extremamente intensos causados pela dor atrapalham nossa explicação, pois ocorrem por reflexo, isto é, acontecem sem a mediação do aparelho psíquico. A imprecisão de todas as nossas discussões que chamamos de metapsicológicas naturalmente provém de nada sabermos sobre a natureza do processo excitatório nos elementos dos sistemas psíquicos e de não nos sentirmos autorizados a fazer qualquer suposição a respeito. Ou seja, sempre operamos com uma grande incógnita, que levamos para toda fórmula nova. É fácil admitir a exigência de que esse processo se efetue com energias quantitativamente diferentes, e pode ser provável para nós que também tenha mais de uma qualidade (por exemplo, à maneira de uma amplitude); como algo novo, levamos em conta a afirmação breueriana de que se trata de duas formas de saturação energética, de maneira que caberia distinguir entre um investimento dos sistemas psíquicos (ou de seus elementos) que flui livremente, pressionando por descarga, e um investimento em repouso. Talvez demos espaço à suposição de que a "ligação" da energia que flui para dentro do aparelho psíquico consiste numa passagem do estado de livre fluxo ao estado de repouso.

Acredito que se possa ousar a tentativa de compreender a neurose traumática comum como a consequência de uma vasta ruptura da proteção contra estímulos. Assim, a antiga e ingênua teoria do choque seria reintegrada em seus direitos, aparentemente em oposição a uma teoria posterior e mais exigente em termos psicológicos que não atribui importância etiológica à ação mecânica da força, e sim ao susto e à ameaça à vida. Só que essas oposições não são inconciliáveis, e a concepção psicanalítica da neurose traumática não é idêntica à forma mais tosca da teoria do choque. Enquanto esta última desloca a essência do choque para o dano direto da estrutura molecular ou mesmo da estrutura histológica dos elementos nervosos, nós buscamos compreender seu efeito a partir da ruptura da proteção contra estímulos do órgão psíquico e a partir das tarefas daí resultantes. O susto conserva sua importância também para nós. Sua condição é a falta de prontidão para a angústia, prontidão que inclui o superinvestimento dos sistemas que primeiro recebem o estímulo. Em consequência desse baixo investimento, os sistemas não estão em boas condições para ligar as quantidades de excitação que lhes chegam; assim, é muito mais fácil que as consequências da ruptura da proteção contra estímulos se façam sentir. Descobrimos assim que a prontidão para a angústia, com seu superinvestimento dos sistemas receptores, representa a última linha da proteção contra estímulos. O fator decisivo para o desfecho de toda uma série de traumas pode ser a diferença entre os sistemas não preparados e os sistemas preparados com superinvestimento; a partir de uma certa intensidade do trauma, essa diferença provavelmente não terá mais importância. Se os sonhos dos neuróticos acidentários levam os pacientes com tanta regularidade de volta à situação do acidente, com isso eles realmente não servem à realização de desejos, cuja produção alucinatória se tornou sua função sob o domínio do princípio de prazer. Porém, podemos supor que por meio disso eles se colocam à disposição de uma outra tarefa, cuja resolução precisa ser efetuada antes que o princípio de prazer possa começar seu domínio. Esses sonhos procuram recuperar o controle dos estímulos mediante o desenvolvimento de angústia, desenvolvimento cuja não ocorrência se tornou a causa da neurose traumática. Eles nos dão assim uma perspectiva a respeito de uma função do aparelho psíquico que, sem contradizer o princípio de prazer, é no entanto independente dele e parece ser mais primordial que o propósito do ganho de prazer e da evitação do desprazer.

Aqui seria portanto o lugar de admitir pela primeira vez uma exceção à tese de que o sonho é uma realização de desejo. Os sonhos de angústia não são uma tal exceção, como mostrei repetida e pormenorizadamente, tampouco os “sonhos punitivos”, pois estes apenas colocam o devido castigo no lugar da realização de desejo proibida; são, portanto, a realização de desejo da consciência de culpa reagindo ao impulso repudiado. No entanto, os sonhos dos neuróticos acidentários, acima mencionados, não se deixam mais classificar sob o ponto de vista da realização de desejo, tampouco os sonhos que ocorrem durante as psicanálises trazendo de volta a lembrança dos traumas psíquicos da infância. Eles obedecem antes à compulsão à repetição, que na análise é de fato apoiada pelo desejo, estimulado pela “sugestão”, de evocar o esquecido e o recalcado. Assim, também a função do sonho – eliminar motivos para a interrupção do sono por meio da realização de desejo das moções incômodas – não seria sua função original; ele só pôde se apoderar dela depois que toda a vida psíquica tinha aceitado o domínio do princípio de prazer. Se existe um “além do princípio de prazer”, então é lógico admitir uma pré-história também para a tendência realizadora de desejos do sonho. Com isso não se contradiz sua função posterior. Apenas se coloca, uma vez que essa tendência se rompeu, a seguinte questão adicional: não seriam tais sonhos, que obedecem à compulsão à repetição no interesse da ligação psíquica de impressões traumáticas, também possíveis fora da análise? A resposta é totalmente afirmativa.

Sobre as "neuroses de guerra", até onde essa designação significa mais que a relação com o motivo do sofrimento, expliquei em outro lugar que elas bem poderiam ser neuroses traumáticas que foram facilitadas por um conflito do eu.[16] O fato mencionado na página 48, de que um ferimento grave simultâneo causado pelo trauma diminui a chance para o surgimento de uma neurose, não é mais incompreensível quando se recorda duas circunstâncias acentuadas pela investigação psicanalítica. Em primeiro lugar, que o abalo mecânico precisa ser reconhecido como uma das fontes da excitação sexual (ver as observações sobre o efeito de balançar e de andar de trem em *Três ensaios sobre a teoria da sexualidade*, 1905 *d*); em segundo, que cabe à doença enquanto esta durar, com suas dores e febres, uma poderosa influência sobre a distribuição da libido. Assim, a força mecânica do trauma liberaria a quantidade de excitação sexual que, em consequência da preparação deficiente para a angústia, age de

16. *Sobre a psicanálise das neuroses de guerra*: introdução (1919 *d*).

modo traumático, mas a lesão corporal simultânea ligaria o excesso de excitação recorrendo a um superinvestimento narcísico do órgão doente (ver "Sobre a introdução do narcisismo"). Também é sabido, mas não suficientemente aproveitado para a teoria da libido, que distúrbios tão graves na distribuição libidinal quanto os de uma melancolia podem ser temporariamente suspensos por uma doença orgânica intercorrente; sim, que até o estado de uma *dementia praecox* completamente desenvolvida é suscetível, sob as mesmas condições, de uma involução passageira.

V

O fato de a camada cortical receptora de estímulos não ter contra estes uma proteção que a resguarde das excitações oriundas de dentro terá por consequência que essas transferências de estímulo adquiram o maior significado econômico e com frequência deem ocasião a perturbações econômicas que cabe igualar às neuroses traumáticas. As fontes mais abundantes de tal excitação interna são os chamados impulsos do organismo, representantes de todos os efeitos energéticos provenientes do interior do corpo e transferidos para o aparelho psíquico, o que constitui o elemento mais importante e também mais obscuro da investigação psicológica.

Talvez não achemos ousada demais a hipótese de que as moções que se originam dos impulsos não obedecem ao tipo do processo nervoso ligado, e sim ao do livremente móvel, que pressiona por descarga. O melhor que sabemos sobre esses processos provém do estudo do trabalho do sonho. Por meio desse estudo, descobrimos que os processos nos sistemas inconscientes são radicalmente diferentes daqueles nos sistemas (pré-)conscientes e que no inconsciente os investimentos podem ser fácil e integralmente transferidos, deslocados e condensados, o que só poderia produzir resultados falhos se acontecesse com material pré-consciente e que, por isso, também produz as conhecidas peculiaridades do sonho manifesto depois que os restos diurnos pré-conscientes foram elaborados segundo as leis do inconsciente. Chamei esse gênero de processo do inconsciente de "processo psíquico primário", diferenciando-o do processo secundário válido para nossa vida normal de vigília. Visto que todas as moções de impulso partem dos sistemas inconscientes, dificilmente será uma novidade afirmar que elas obedecem ao processo primário, e, por outro lado, não é preciso muita coisa para identificar o processo psíquico primário com o investimento livremente móvel de Breuer e o processo secundário com as modificações no investimento ligado ou tônico também propostas por esse autor.[17] A tarefa das camadas superiores do aparelho psíquico seria, então, ligar a excitação dos impulsos que chega ao processo primário. O fracasso dessa ligação causaria uma perturbação análoga à neurose traumática; somente depois de

17. Ver o capítulo VII, "Psicologia dos processos oníricos", em minha *Interpretação dos sonhos*.

realizada a ligação é que o domínio do princípio de prazer (e da modificação que o transformou em princípio de realidade) poderia se impor de maneira irrestrita. Porém, até isso acontecer, a outra tarefa do aparelho psíquico, a de controlar ou ligar a excitação, estaria em primeiro lugar, não em oposição ao princípio de prazer, é verdade, mas independente dele e em parte sem levá-lo em conta.

As manifestações de uma compulsão à repetição, que descrevemos com base nas primeiras atividades da vida psíquica infantil e nas vivências do tratamento psicanalítico, mostram em alto grau o caráter impulsional e, quando se encontram em oposição ao princípio de prazer, demoníaco. No caso da brincadeira infantil, acreditamos compreender que a criança também repete a vivência desprazerosa porque devido à sua atividade ela obtém um domínio muito mais profundo da impressão forte do que foi possível por ocasião do vivenciar meramente passivo. Toda nova repetição parece melhorar esse almejado domínio, e mesmo no caso das vivências prazerosas a criança não consegue se fartar das repetições e insistirá implacavelmente na identidade da impressão. Esse traço de caráter está destinado a desaparecer posteriormente. Uma piada ouvida pela segunda vez ficará quase sem efeito, uma representação teatral jamais alcançará pela segunda vez a impressão que deixou na primeira; sim, será difícil levar o adulto a reler de imediato um livro que muito o agradou. A condição do gozo será sempre a novidade. A criança, porém, não se cansará de pedir ao adulto a repetição de uma brincadeira que lhe mostraram ou que fizeram com ela, até que este, esgotado, se recuse a tanto, e quando lhe foi contada uma bela história, a criança quer repetidamente a mesma em vez de ouvir uma nova, insiste implacavelmente na identidade da repetição e corrige qualquer modificação que o narrador faça e com a qual ele talvez até quisesse obter um novo mérito. Isso não contradiz o princípio de prazer; é evidente que a repetição, o reencontro da identidade, significa ela própria uma fonte de prazer. No caso do analisado, em compensação, fica claro que a compulsão a repetir na transferência os acontecimentos de seu período de vida infantil se coloca de *todos* os modos acima do princípio de prazer. Nisso o paciente se comporta de maneira completamente infantil e assim nos mostra que as marcas mnêmicas recalcadas de suas vivências pré-históricas não se encontram nele em estado ligado e de certo modo não são aptas para o processo secundário. A essa condição não ligada elas também devem sua faculdade de formar, mediante aderência aos restos diurnos, uma fantasia de desejo a ser figurada no sonho. Essa mesma compulsão à repetição se opõe a nós como um obstáculo à terapia sempre que no final do tratamento queremos impor o completo desligamento do médico, e pode-se supor que o medo obscuro das pessoas não familiarizadas com a análise, que receiam despertar alguma coisa que, segundo sua opinião, seria melhor deixar dormindo, no fundo é o temor do aparecimento dessa compulsão demoníaca.

No entanto, de que maneira o impulsional se relaciona com a compulsão à repetição? Neste ponto se impõe a nós a ideia de que encontramos a pista de um caráter universal dos impulsos, talvez de toda a vida orgânica em geral, até agora não reconhecido claramente – ou pelo menos não expressamente destacado. *Um impulso seria portanto uma pressão, inerente às coisas orgânicas vivas, para restabelecer um estado anterior* ao qual essas coisas vivas precisaram renunciar sob a influência de forças perturbadoras externas; seria uma espécie de elasticidade orgânica ou, se quisermos, a expressão da inércia na vida orgânica.[18]

---

18. Não duvido que suposições semelhantes sobre a natureza dos "impulsos" já tenham sido expressadas repetidamente.

Essa concepção do impulso soa estranha, pois nos acostumamos a ver nele o fator que impele à modificação e ao desenvolvimento, e agora devemos reconhecer nele precisamente o oposto, a expressão da natureza *conservadora* do que é vivo. Por outro lado, logo nos ocorrem aqueles exemplos da vida animal que parecem confirmar o condicionamento histórico dos impulsos. Quando certos peixes empreendem difíceis migrações no período de desova com o fim de pôr suas ovas em determinadas águas, extremamente distantes de suas paragens habituais, apenas buscam, segundo a interpretação de muitos biólogos, os antigos *habitats* de sua espécie, que no decorrer do tempo teriam trocado por outros. Dizem que o mesmo vale para os voos migratórios das aves de arribação, mas somos dispensados de buscar outros exemplos pela advertência de que nos fenômenos da hereditariedade e nos fatos da embriologia temos as maiores provas a favor da compulsão orgânica à repetição. Vemos que o embrião de um animal vivo é obrigado a repetir em seu desenvolvimento – ainda que numa abreviação fugaz – as estruturas de todas as formas das quais o animal descende, em vez de se apressar pelo caminho mais curto rumo à sua configuração definitiva, e visto que apenas uma ínfima parte desse comportamento pode ser explicada mecanicamente, não é lícito deixar de lado a explicação histórica. E, da mesma forma, subindo pela escala animal há uma capacidade de reprodução vastamente difundida que substitui um órgão perdido pela formação de um novo exatamente igual.

Certamente não se pode ignorar a objeção óbvia de que as coisas provavelmente se comportam de tal modo que, além dos impulsos conservadores que obrigam à repetição, também há outros que impelem a novas configurações e ao progresso; essa objeção também deve ser incluída mais tarde em nossas ponderações. Porém, antes disso poderá nos seduzir a possibilidade de acompanhar até as últimas consequências a hipótese de que todos os impulsos querem restabelecer coisas anteriores. O resultado disso pode despertar a aparência de "algo profundo" ou ressoar a misticismo, mas sabemo-nos isentos da censura de termos aspirado a algo do gênero. Buscamos os resultados sóbrios da investigação ou da reflexão nela baseada, e nosso desejo não gostaria de lhes conferir outro caráter senão o da certeza.[19]

19. Não deixemos de considerar que o que segue é o desenvolvimento de um raciocínio extremo que, mais tarde, quando forem examinados os impulsos sexuais, encontra restrição e retificação.

Assim, se todos os impulsos orgânicos são conservadores, historicamente adquiridos e orientados para a regressão, para o restabelecimento de coisas anteriores, então devemos colocar os sucessos do desenvolvimento orgânico na conta de influências externas, perturbadoras e desviantes. Desde seu início o ser vivo elementar não teria querido se modificar; teria, sob condições imutáveis, repetido sempre o mesmo curso de vida. Mas, em última análise, deve ter sido a história do desenvolvimento de nossa Terra e sua relação com o Sol que deixou sua marca no desenvolvimento dos organismos. Os impulsos orgânicos conservadores acolheram cada uma dessas modificações impostas ao seu curso de vida e as guardaram para fins de repetição, tendo assim de dar a impressão enganosa de forças que aspiram por modificação e progresso, enquanto apenas almejam atingir uma meta antiga por caminhos antigos e novos. Essa meta final de toda a aspiração orgânica também poderia ser indicada. Seria uma contradição à natureza conservadora dos impulsos se a meta da vida fosse um estado nunca antes alcançado. Deve ser antes um estado antigo, um estado de partida que a matéria viva certa vez deixou e ao qual aspira retornar, passando por todos os desvios do desenvolvimento.

Se for lícito aceitar como experiência que não admite exceções o fato de que tudo o que é vivo morre – retorna ao inorgânico – por razões *internas*, somente podemos dizer que *a meta de toda vida é a morte* e, retrocedendo, que *o inanimado estava aí antes das coisas vivas.*

Em algum momento, por uma ação de forças ainda totalmente inconcebível, as propriedades do que é vivo foram despertadas na matéria inanimada. Talvez tenha sido um processo semelhante, quanto ao seu modelo, àquele outro que mais tarde fez surgir a consciência em certa camada da matéria viva. A tensão que surgiu nesse tempo na matéria antes inanimada buscava equilibrar-se; era o primeiro impulso, o de retornar ao inanimado. Para a substância viva desse tempo ainda era fácil morrer; provavelmente havia apenas um curto caminho vital a percorrer, cuja direção era determinada pela estrutura química da jovem vida. Assim, pode ser que por um longo tempo a substância viva tenha sido recriada repetidas vezes e morrido facilmente, até que as influências externas determinantes se modificaram de tal maneira que obrigaram a substância que ainda sobrevivia a desvios cada vez maiores do caminho vital original e a rodeios cada vez mais complicados até atingir a meta da morte. Esses rodeios até a morte, fielmente mantidos pelos impulsos conservadores, nos ofereceriam hoje o quadro dos fenômenos da vida. Se nos ativermos à natureza exclusivamente conservadora dos impulsos, não podemos chegar a outras suposições sobre a origem e a meta da vida.

Tão estranho quanto essas conclusões soa aquilo que resulta quanto aos grandes grupos de impulsos que estatuímos por trás dos fenômenos vitais dos organismos. A instauração dos impulsos de autoconservação, que admitimos em todo ser vivo, encontra-se em notável oposição à hipótese de que o conjunto da vida impulsional serve para ocasionar a morte. Vista sob essa luz, encolhe a importância teórica dos impulsos de autoconservação, de poder e de busca por reconhecimento; são impulsos parciais, destinados a assegurar o caminho próprio do organismo rumo à morte e manter à distância outras possibilidades de retorno ao inorgânico que não as imanentes, mas isso anula o enigmático empenho do organismo de se afirmar apesar do mundo inteiro, empenho impossível de inserir em algum contexto. O que resta é que o organismo quer morrer apenas à sua maneira; esses guardiões da vida também foram originalmente serviçais da morte. Surge aí o paradoxo de que o organismo vivo se opõe da maneira mais enérgica a influências (perigos) que poderiam ajudá-lo a atingir sua meta vital por um caminho breve (por curto-circuito, por assim dizer), mas esse comportamento caracteriza precisamente uma aspiração puramente impulsional, em oposição a uma aspiração inteligente.[20]

Porém, reflitamos: as coisas não podem ser assim! Os impulsos sexuais, para os quais a teoria das neuroses reivindicou uma posição especial, são colocados sob uma luz totalmente diferente. Nem todos os organismos estão sujeitos à compulsão externa que os impulsiona a um desenvolvimento cada vez maior. Muitos conseguiram se conservar até o presente em seu estágio inferior; afinal, hoje ainda vivem, se não todos, pelo menos muitos seres vivos que devem ser semelhantes aos estágios preliminares dos animais e plantas superiores. E, da mesma forma, nem todos os organismos elementares que compõem o complicado corpo de um ser vivo superior percorrem todo o caminho de desenvolvimento até a morte natural. Alguns dentre eles, as células germinativas, provavelmente conservam a estrutura

20. Conforme os editores alemães, nas edições anteriores a 1925 havia neste ponto uma nota de rodapé dizendo: "Ver, aliás, a posterior correção dessa concepção extrema sobre os impulsos de autoconservação". (N.T.)

original da substância viva e se separam de todo o organismo depois de certo tempo, carregados com todas as disposições de impulsos herdadas e adquiridas. Talvez sejam precisamente essas duas propriedades que lhes possibilitem sua existência autônoma. Colocadas em condições favoráveis, tais células começam a se desenvolver, isto é, a repetir o jogo ao qual devem sua origem, e isso termina com uma parte de sua substância levando o desenvolvimento até o fim, enquanto outra parte, sob a forma de novo resto germinativo, retoma outra vez o início do desenvolvimento. Assim, essas células germinativas trabalham contra a morte da substância viva e sabem alcançar para ela o que para nós precisa parecer uma imortalidade potencial, embora isso talvez apenas signifique um alongamento do caminho para a morte. É extremamente significativo para nós o fato de a célula germinativa ser fortalecida, ou antes realmente capacitada, para essa tarefa por meio da fusão com outra semelhante a ela e, no entanto, dela distinta.

Os impulsos que cuidam dos destinos desses organismos elementares que sobrevivem ao indivíduo, que providenciam seu abrigo seguro enquanto estiverem indefesos aos estímulos do mundo exterior, que produzem seu encontro com outras células germinativas etc. formam o grupo dos impulsos sexuais. São conservadores no mesmo sentido que os outros ao trazerem de volta estados anteriores da substância viva, mas o são em medida mais intensa ao se mostrarem especialmente resistentes a influências externas, e, além disso, ainda num outro sentido, visto que conservam a vida mesmo por períodos mais longos.[21] Eles são os genuínos impulsos vitais; pelo fato de se oporem ao propósito de outros impulsos, propósito que, devido à função desses impulsos, leva à morte, manifesta-se uma oposição entre eles e os restantes, cedo reconhecida como significativa pela teoria das neuroses. Há como que um ritmo vacilante na vida dos organismos; um dos grupos de impulsos avança precipitadamente a fim de atingir o mais rápido possível a meta final da vida, o outro recua em certo ponto desse caminho para refazê-lo a partir de um ponto determinado e assim prolongar a duração do caminho. Porém, ainda que a sexualidade e a diferença dos sexos certamente não existissem no começo da vida, é possível que os impulsos a serem posteriormente denominados

21. E, no entanto, são apenas eles que podemos reclamar em favor de uma tendência interna ao "progresso" e ao desenvolvimento ascendente! (Ver adiante.)

de sexuais tenham entrado em atividade desde o começo dos começos, não assumindo seu trabalho de antagonismo ao jogo dos "impulsos do eu" apenas num momento posterior.[22]

Recuemos nós mesmos uma primeira vez para perguntar se todas essas especulações não carecem de fundamentação. Não há realmente, *abstraindo dos impulsos sexuais*, quaisquer outros impulsos senão aqueles que querem restabelecer um estado anterior? Não há também outros que aspiram por um estado nunca alcançado? Não sei de qualquer exemplo seguro no mundo orgânico que contradiga a caracterização que propomos. É certo que nos reinos animal e vegetal não se pode comprovar um impulso geral de desenvolvimento ascendente, ainda que tal orientação de desenvolvimento seja de fato incontestável. No entanto, por um lado, muitas vezes é só uma questão de avaliação nossa quando declaramos que um estágio de desenvolvimento é superior a outro, e, por outro lado, a ciência das coisas vivas nos mostra que o desenvolvimento ascendente num ponto com frequência é compensado ou pago com um retrocesso em outro. Também há um número

22. Caberia depreender do contexto que "impulsos do eu" é aqui uma designação que pretendemos provisória e que está ligada à primeira nomenclatura da psicanálise.

bastante grande de formas animais cujos estágios jovens nos permitem reconhecer que seu desenvolvimento adotou antes um caráter regressivo. Tanto o desenvolvimento ascendente quanto a involução poderiam ambos ser consequências de forças externas pressionando por adaptação, e o papel dos impulsos poderia se limitar nos dois casos a conservar, sob a forma de fonte interna de prazer, a mudança imposta.[23]

Para muitos de nós também poderá ser difícil renunciar à crença de que no próprio homem reside um impulso ao aperfeiçoamento que o levou ao seu nível atual de realização intelectual e sublimação ética, impulso do qual se pode esperar que cuide do desenvolvimento rumo ao super-homem. Só que não acredito em semelhante impulso interno e não vejo qualquer meio de poupar essa ilusão reconfortante. O desenvolvimento do homem até aqui não me parece precisar de outra explicação que o dos animais, e aquilo

23. Por outro caminho, Ferenczi chegou à possibilidade da mesma concepção ("Estágios de desenvolvimento do senso de realidade", 1913, p. 137): "Levando até o fim de maneira consequente esse raciocínio, precisamos nos familiarizar com a ideia de uma tendência à inércia, ou melhor, à regressão, que também domina a vida orgânica, enquanto a tendência ao desenvolvimento continuado, à adaptação etc. só ganha vida em razão de estímulos externos".

que se observa numa minoria de indivíduos humanos como ímpeto incansável de maior aperfeiçoamento deixa-se compreender de maneira natural como consequência do recalcamento dos impulsos, sobre o qual está construído o que de mais valioso há na cultura humana. O impulso recalcado nunca desiste de aspirar por sua satisfação completa, que consistiria na repetição de uma vivência primária de satisfação; todas as formações substitutivas, reativas e sublimações são insatisfatórias para suprimir sua tensão contínua, e da diferença entre o prazer de satisfação encontrado e o exigido resulta o fator impulsionante que não permite a permanência em qualquer das situações estabelecidas, mas, segundo as palavras do poeta, "indomado avança sem cessar" (Mefisto no *Fausto I*, "Gabinete de estudo"). O caminho para trás, para a satisfação completa, geralmente é bloqueado pelas resistências que mantêm os recalcamentos, e assim não resta outra coisa senão avançar na outra direção de desenvolvimento, ainda livre, mas sem perspectiva de poder concluir o processo e atingir a meta. Os processos que ocorrem na formação de uma fobia neurótica, que afinal não é outra coisa senão uma tentativa de fugir de uma satisfação dos impulsos, nos dão o modelo para o surgimento desse aparente "impulso de aperfeiçoamento", que, no entanto, é impossível de se atribuir a todos os indivíduos humanos. É verdade que as condições dinâmicas para tanto existem de maneira bastante geral, mas as circunstâncias econômicas parecem favorecer o fenômeno apenas em casos raros.

No entanto, aluda-se com poucas palavras à possibilidade de o empenho de eros a fim de reunir o orgânico em unidades cada vez maiores fornecer um substituto para o "impulso de aperfeiçoamento" que não podemos reconhecer. Em associação com os efeitos do recalcamento, esse empenho poderia explicar os fenômenos atribuídos a esse impulso.

VI

O resultado obtido até aqui, que estabelece uma oposição nítida entre os "impulsos do eu" e os impulsos sexuais, fazendo os primeiros impelir rumo à morte e os últimos à continuação da vida, certamente não nos será satisfatório sob muitos aspectos. Soma-se a isso que, no fundo, só para os primeiros pudemos reclamar o caráter conservador, ou melhor, regressivo do impulso, caráter que corresponde a uma compulsão à repetição. Pois, segundo nossa hipótese, os impulsos do eu provêm da animação da matéria inanimada e querem restabelecer a inanimação. Quanto aos impulsos sexuais, em compensação, é evidente que reproduzem estados primitivos do ser vivo, mas sua meta, almejada por todos os meios, é a fusão de duas células germinativas diferenciadas de determinada maneira. Quando essa união não acontece, a célula germinativa morre como todos os outros elementos do organismo pluricelular. Apenas sob essa condição a função sexual pode prolongar a vida e lhe conferir a aparência de imortalidade. Porém, que acontecimento importante no trajeto evolutivo da substância viva é repetido pela reprodução sexual ou por sua precursora, a cópula de dois indivíduos entre os protistas? Não sabemos dizê-lo, e, por isso, sentiríamos como um alívio se todo o nosso edifício de pensamentos se revelasse errôneo. A oposição entre impulsos do eu (de morte) e impulsos sexuais (de vida) seria então suprimida e, com ela, a compulsão à repetição também perderia a importância que lhe é atribuída.

Por isso, voltemos a uma das hipóteses que entretecemos em nosso texto, na expectativa de que ela se deixe refutar inteiramente. Construímos conclusões adicionais com base na hipótese de que todas as coisas vivas têm de morrer devido a causas internas. Formulamos essa hipótese tão despreocupadamente porque ela não nos parece ser uma hipótese. Estamos acostumados a pensar dessa maneira; nossos poetas nos fortalecem nisso. Talvez tenhamos nos decidido a isso porque nessa crença há um consolo. Já que devemos mesmo morrer e antes disso perder nossos entes queridos devido à morte, preferimos sucumbir a uma lei natural implacável, a sublime ’Ανάγχη [*anágkē* = necessidade], do que a um acaso, que talvez ainda pudesse ter sido evitado. No entanto, talvez essa crença na legitimidade intrínseca da morte seja apenas uma das ilusões que criamos "para suportar o peso da existência".[24] Essa crença certamente não existiu de início; a ideia de uma "morte natural" é estranha aos povos primitivos, que atribuem cada morte ocorrida entre eles à influência de um inimigo ou um espírito mau. Por isso, para examinar essa crença não deixemos de nos voltar à ciência biológica.

Ao agirmos assim, é lícito nos espantarmos sobre o quão pouco os biólogos são unânimes na questão da morte natural e até sobre como o conceito da morte em geral lhes escapa entre as mãos. O fato de existir um tempo de vida médio determinado, pelo menos no caso dos animais superiores, naturalmente é um dado a favor da morte por causas internas, mas elimina essa impressão a circunstância de alguns grandes animais e árvores gigantescas alcançarem uma idade muito avançada e até agora não estimável. Segundo a grandiosa concepção de W. Fliess, todos os fenômenos da vida – e, certamente, também da morte – dos organismos estão ligados ao cumprimento de determinados prazos, nos quais se expressa a dependência de duas substâncias vivas, uma masculina e outra feminina, do ano solar. Só que as observações para verificar com

24. De uma tragédia de Friedrich Schiller, *A noiva de Messina ou Os irmãos inimigos*, ato I, cena 8. (N.T.)

que facilidade e até em que medida é possível à influência de forças externas modificar as manifestações vitais, em especial do mundo vegetal, em seu surgimento temporal, antecipando-as ou detendo-as, resistem à rigidez das fórmulas de Fliess e fazem surgir dúvidas pelo menos quanto ao domínio irrestrito das leis por ele estabelecidas.

Temos o maior interesse pelo tratamento que o tema da duração da vida e da morte dos organismos encontrou nos trabalhos de A. Weismann (1882, 1884, 1892, entre outros). É desse pesquisador que provém a distinção da substância viva numa metade mortal e outra imortal; a mortal é o corpo em sentido estrito, o soma, e só ela é sujeita à morte natural, mas as células germinativas são *potentia* [potencialmente] imortais, na medida em que são capazes, sob certas condições favoráveis, de se desenvolver formando um novo indivíduo, ou, dizendo de outra maneira, rodear-se de um novo soma.[25]

O que aí nos cativa é a analogia inesperada com nossa própria concepção, desenvolvida por um caminho tão diferente. Weismann, que considera a substância viva morfologicamente, reconhece nela um componente sujeito à morte, o soma, isto é, o corpo exceto o material sexual

25. Weismann (1884).

e hereditário, e um imortal, precisamente esse plasma germinativo que serve à conservação da espécie, à reprodução. Não invocamos a matéria viva, mas as forças nela ativas, e fomos levados a distinguir entre dois tipos de impulsos: aqueles que querem levar a vida à morte, e os outros, os impulsos sexuais, que repetidamente aspiram à renovação da vida e impõem essa renovação. Isso soa como um corolário dinâmico à teoria morfológica de Weismann.

A aparência de uma correspondência significativa se dissipa logo que tomamos conhecimento do juízo de Weismann sobre o problema da morte. Pois, para Weismann, a separação entre o soma mortal e o plasma germinativo imortal vale apenas para os organismos pluricelulares; no caso dos animais unicelulares, indivíduo e célula reprodutiva ainda são uma e a mesma coisa.[26] Assim, ele declara que os unicelulares são potencialmente imortais; a morte surge apenas no caso dos metazoários, os pluricelulares. No entanto, essa morte dos seres vivos superiores é natural, é uma morte por causas internas, mas não repousa numa propriedade primordial da substância viva[27], não pode ser compreendida

26. Weismann (1882, p. 38).

27. Weismann (1884, p. 84).

como uma necessidade absoluta, fundamentada na essência da vida.[28] A morte é antes um dispositivo de conveniência, um fenômeno de adaptação às condições externas de vida, pois, desde a separação das células corporais em soma e plasma germinativo, a duração ilimitada da vida do indivíduo teria se tornado um luxo totalmente inconveniente. Com o aparecimento dessa diferenciação nos pluricelulares, a morte se tornou possível e conveniente. Desde então, o soma dos seres vivos superiores morre por razões internas em momentos determinados, mas os protistas permaneceram imortais. Em compensação, a reprodução não foi introduzida apenas com a morte; ela é antes uma propriedade primordial da matéria viva, tal como o crescimento, do qual proveio, e a vida se manteve contínua desde o seu começo na Terra.[29]

É fácil perceber que a admissão de uma morte natural dos organismos superiores pouco ajuda nossa causa. Se a morte é uma aquisição tardia dos seres vivos, impulsos de morte que se derivam do começo da vida na Terra deixam de ser levados em conta. Os pluricelulares podem então, de qualquer forma, morrer por razões

28. Weismann (1882, p. 33).

29. Weismann (1884, p. 84-85).

internas, devido a falhas em sua diferenciação ou imperfeições de seu metabolismo; isso não interessa para a questão que nos ocupa. Semelhante concepção e derivação da morte certamente também é muito mais óbvia para o pensamento ordinário dos homens do que a estranha hipótese de "impulsos de morte".

A discussão que acompanhou as afirmações de Weismann não resultou, segundo julgo, em nada decisivo em qualquer sentido.[30] Alguns autores retornaram ao ponto de vista de Goette (1883), que via na morte a consequência direta da reprodução. Hartmann caracteriza a morte não pelo surgimento de um "cadáver", uma parcela morta da substância viva, mas a define como o "término do desenvolvimento individual". Nesse sentido, os protozoários também são mortais: para eles, a morte sempre coincide com a reprodução, mas aquela é de certo modo velada por esta devido à transmissão direta de toda a substância do animal paterno aos jovens indivíduos filiais.[31]

O interesse da investigação logo se dirigiu no sentido de verificar experimentalmente em seres unicelulares a alegada imortalidade da substân-

30. Ver Max Hartmann (1906), Alexander Lipschütz (1914), Franz Doflein (1919).

31. Hartmann (1906, p. 29).

cia viva. Um norte-americano, L.L. Woodruff, cultivou um infusório ciliado, o paramécio, que se reproduz pela divisão em dois indivíduos, e o observou até a 3.029ª geração, quando interrompeu o experimento, isolando, a cada vez, um dos produtos parciais e colocando-o em água fresca. O último descendente do primeiro paramécio era exatamente tão novo quanto o antepassado, sem quaisquer sinais de envelhecimento ou degeneração; assim, se a tais números já cabe força probatória, a imortalidade dos protistas pareceu experimentalmente demonstrável.[32]

Outros pesquisadores chegaram a resultados diferentes. E. Maupas, G.J. Calkins e outros descobriram, ao contrário de Woodruff, que esses infusórios, após certo número de divisões, também ficam mais fracos, diminuem de tamanho, perdem uma parte de sua organização e finalmente morrem quando não experimentam certas influências renovadoras. Sendo assim, após uma fase de decadência senil os protozoários morreriam exatamente como os animais superiores, em total oposição às afirmações de Weismann, que reconhece a morte como uma aquisição tardia dos organismos vivos.

32. Para isso e para o que segue, ver Lipschütz (1914, p. 26 e 52 e s.).

Do contexto dessas investigações, destaquemos dois fatos que nos parecem oferecer um apoio sólido. Primeiro: se, num momento em que ainda não mostram qualquer alteração provocada pelo envelhecimento, dois dos microrganismos podem se fundir, "copular" – depois do que, passado um tempo, separam-se outra vez –, então eles são poupados da velhice, eles "rejuvenescem". Essa cópula provavelmente é a precursora da reprodução sexuada dos seres superiores; ela ainda não tem nada a ver com a multiplicação, limitando-se à mistura das substâncias de ambos os indivíduos (a anfimixia de Weismann). Porém, a influência renovadora da cópula também pode ser substituída por certos estimulantes, modificações na composição do fluido nutritivo, aumento de temperatura ou sacudidas. Recorde-se o famoso experimento de J. Loeb, que, por meio de certos estímulos químicos, forçou ovos de ouriço-do-mar a processos de divisão que normalmente surgem apenas depois da fecundação.

Segundo: no entanto, é provável que os infusórios sejam levados a uma morte natural por meio de seu próprio processo vital, pois a oposição entre os resultados de Woodruff e de outros provém do fato de Woodruff colocar cada nova geração num fluido nutritivo novo. Se deixasse de fazê-lo, observava as mesmas modificações envelhecedoras das gerações constatadas pelos outros investigadores. Ele concluiu que os microrganismos são prejudicados pelos produtos do metabolismo que liberam no fluido circundante, conseguindo demonstrar de maneira convincente que apenas os produtos do *próprio* metabolismo têm esse efeito que leva à morte da geração. Pois, numa solução que estava saturada com os produtos excretórios de uma espécie distantemente aparentada, desenvolveram-se de maneira excelente os mesmos microrganismos que, aglomerados em seu próprio fluido nutritivo, certamente teriam perecido. Assim, abandonado a si próprio, o infusório morre de morte natural devido à imperfeição da eliminação de seus próprios produtos metabólicos; mas talvez todos os animais superiores também morram, no fundo, devido à mesma incapacidade.

Poderá ocorrer-nos a dúvida de saber se foi realmente adequado buscar no estudo dos protozoários a decisão para a questão da morte natural. A organização primitiva desses seres vivos pode nos ocultar relações importantes que também têm lugar no caso deles, mas que apenas podem ser reconhecidas nos animais superiores, nos quais obtiveram uma expressão morfológica. Se abandonamos o ponto de vista morfológico para adotar o dinâmico, poderá ser completamente indiferente para nós se a morte natural dos protozoários pode ser demonstrada ou não. No caso deles, a substância posteriormente reconhecida como imortal ainda não se separou de forma alguma da mortal. As forças impulsoras que querem levar a vida à morte também poderiam estar ativas neles desde o início, e, no entanto, seu efeito poderia ser de tal maneira encoberto pelas forças conservadoras da vida que sua demonstração direta se torna muito difícil. No entanto, vimos que as observações dos biólogos nos permitem levantar também no caso dos protistas a hipótese de tais processos internos que levam à morte. Porém, mesmo que os protistas se mostrem imortais no sentido de Weismann, sua tese de que a morte é uma aquisição tardia vale apenas para suas expressões manifestas e não impossibilita hipóteses sobre os processos que a ela impelem. Nossa expectativa de que a biologia eliminasse completamente o reconhecimento dos impulsos de morte não se cumpriu. Podemos continuar nos ocupando com sua possibilidade se tivermos outras razões para tanto. Porém, a chamativa semelhança da separação weismanniana entre soma e plasma germinativo com nossa distinção entre impulsos de morte e de vida continua de pé e recobra seu valor.

Demoremo-nos um pouco nessa concepção eminentemente dualista da vida impulsional. Segundo a teoria de E. Hering acerca dos processos na substância viva, ocorrem nela constantemente dois tipos de processos com orientação oposta: uns são construtivos – assimilatórios –, outros são destrutivos – dissimilatórios. Ousaremos reconhecer nessas duas direções dos processos vitais a atividade de nossas duas moções de impulso, os impulsos de vida e de morte? Mas há outra coisa que não podemos ocultar de nós mesmos: que entramos inesperadamente no porto da filosofia de Schopenhauer, para quem, afinal, a morte é "o genuíno resultado" e, nessa medida, a meta da vida[33], mas o impulso sexual é a corporificação da vontade de viver.

Tentemos, ousadamente, avançar mais um passo. Segundo a compreensão geral, a reunião de inúmeras células em uma associação vital – a pluricelularidade dos organismos – tornou-se um meio para prolongar a duração de suas vidas. Uma célula ajuda a conservar a vida das outras e

33. "Sobre a aparente intencionalidade no destino do indivíduo", edição do grão-duque Wilhelm Ernst, vol. 4, p. 268.

o Estado celular pode continuar vivendo, mesmo que células individuais tenham de morrer. Já vimos que a cópula, a fusão temporária de dois unicelulares, também tem um efeito rejuvenescedor e conservador da vida sobre ambos. Por conseguinte, poderíamos fazer a tentativa de transferir a teoria da libido obtida pela psicanálise para a relação das células entre si e imaginar que os impulsos de vida ou sexuais que atuam em cada célula tomam por objeto as outras células, cujos impulsos de morte – isto é, os processos estimulados por estes – neutralizam parcialmente e assim as mantêm vivas, enquanto outras células cuidam da mesma coisa para elas e outras ainda sacrificam a si mesmas no exercício dessa função libidinal. As próprias células germinativas se comportariam de maneira absolutamente "narcisista", como estamos acostumados a dizer no âmbito da teoria das neuroses quando um indivíduo inteiro conserva sua libido no eu e não gasta nada dela em investimentos objetais. As células germinativas precisam de sua libido – a atividade de seus impulsos de vida – para si mesmas como estoque para sua posterior e grandiosa atividade construtiva. Talvez também se possa declarar como narcisistas no mesmo sentido as células das neoformações malignas que destroem o organismo. A patologia está disposta, afinal, a considerar seus germes como hereditários e lhes conceder propriedades embrionais. Assim, a libido de nossos impulsos sexuais coincidiria com o eros dos poetas e filósofos, que mantém coeso tudo o que é vivo.

Neste ponto temos a oportunidade para abranger com a vista o vagaroso desenvolvimento de nossa teoria da libido. A análise das neuroses de transferência nos impôs inicialmente a oposição entre "impulsos sexuais", dirigidos ao objeto, e outros impulsos, que reconhecemos apenas de maneira muito insatisfatória e designamos provisoriamente como "impulsos do eu". Entre eles tivemos de reconhecer em primeiro lugar os impulsos que servem à autoconservação do indivíduo. Não podíamos saber que outras distinções cabia fazer aí. Nenhum conhecimento teria sido tão importante para a fundação de uma autêntica psicologia quanto uma compreensão aproximada da natureza comum e das eventuais peculiaridades dos impulsos. Porém, em nenhum âmbito da psicologia tateava-se tanto no escuro. Cada um estabelecia quantos impulsos ou "impulsos fundamentais" quisesse e lidava com eles como os antigos filósofos gregos da natureza com os seus quatro elementos: água, terra, fogo e ar. A psicanálise, que não podia prescindir de alguma hipótese sobre os impulsos, ateve-se de início à distinção popular de impulsos cujo modelo é a expressão "fome e amor".[34] Pelo menos não se tratava de um novo ato arbitrário. Com isso se avançava um bom trecho na análise das psiconeuroses. No entanto, o conceito de "sexualidade" – e, com isso, o de um impulso sexual – teve de ser ampliado até incluir muita coisa que não se enquadrava na função reprodutória, o que provocou bastante barulho no mundo severo, nobre ou meramente hipócrita.

O passo seguinte foi dado quando a psicanálise conseguiu se aproximar tateando do eu psicológico, que de início só lhe era conhecido como instância recalcadora, censora e capacitada para construções protetoras e formações reativas. É verdade que espíritos críticos e outros espíritos perspicazes já tinham há tempo levantado objeções à restrição do conceito de libido à energia dos impulsos sexuais voltados para o objeto. No entanto, deixaram de comunicar donde lhes viera esse melhor discernimento e não soube-

34. Alusão aos versos finais de um zombeteiro poema de Schiller, "Os filósofos": "Por ora, até que a filosofia / A construção do mundo amalgame, / Ele aciona sua maquinaria / Por meio do amor e da fome." (N.T.)

ram derivar dele algo útil para a análise. Num avanço mais ponderado, chamou a atenção da observação psicanalítica com que regularidade a libido é subtraída do objeto e dirigida ao eu (introversão), e, ao estudar o desenvolvimento libidinal da criança em suas primeiras fases, ela chegou à compreensão de que o eu é o reservatório autêntico e original da libido, que só a partir dele é estendida ao objeto. O eu foi incluído entre os objetos sexuais e logo reconhecido como o mais nobre deles. Quando a libido se demorava dessa forma no eu, foi chamada de narcísica.[35] Naturalmente, essa libido narcísica também era a manifestação de força de impulsos sexuais no sentido analítico, que era preciso identificar com os "impulsos de autoconservação" admitidos desde o início. Assim, a oposição original entre impulsos do eu e impulsos sexuais se tornou insuficiente. Uma parte dos impulsos do eu foi reconhecida como libidinal; no eu também atuavam – ao lado de outros, provavelmente – impulsos sexuais, mas pode-se dizer que a velha fórmula segundo a qual a psiconeurose repousa sobre um conflito entre os impulsos do eu e os impulsos sexuais nada continha que hoje coubesse rejeitar. A diferença entre os dois tipos de impulso, que originalmente

35. "Sobre a introdução do narcisismo" (1914 *c*).

era pensada de alguma forma em termos qualitativos, agora precisa ser determinada apenas de outro modo, a saber, *topicamente*. A neurose de transferência, em especial – o autêntico objeto de estudo da psicanálise –, continua sendo o resultado de um conflito entre o eu e o investimento libidinal de objeto.

Tanto mais precisamos acentuar agora o caráter libidinal dos impulsos de autoconservação, visto que ousamos dar mais um passo, o de reconhecer o impulso sexual como sendo eros, que tudo mantém, e derivar a libido narcísica do eu a partir das contribuições de libido com que as células do soma aderem umas às outras. Mas então nos encontramos subitamente diante da seguinte questão: se os impulsos de autoconservação também são de natureza libidinal, talvez não tenhamos quaisquer outros impulsos senão os libidinais. Pelo menos não há outros à vista. Mas então é preciso dar razão aos críticos que desde o início suspeitaram que a psicanálise explica *tudo* a partir da sexualidade ou aos inovadores como Jung, que, sem hesitar, usaram "libido" no sentido de "força impulsora" em geral. Não são assim as coisas?

No entanto, esse resultado não estava em nossas intenções. Afinal, partimos antes de uma distinção nítida entre impulsos do eu = impulsos de morte e impulsos sexuais = impulsos de vida. Estávamos dispostos a incluir entre os impulsos de morte também os supostos impulsos de autoconservação do eu, o que retiramos ao fazer uma retificação. Nossa concepção era desde o início uma concepção *dualista*, e hoje ela ainda o é mais acentuadamente que antes, desde que não chamamos mais os opostos de impulsos do eu e impulsos sexuais, e sim impulsos de vida e de morte. Em compensação, a teoria da libido de Jung é uma teoria *monista*; o fato de ele ter chamado sua única força impulsora de "libido" inevitavelmente causou confusão, mas isso não deve nos influenciar mais. Supomos que no eu ainda haja outros impulsos em ação além dos impulsos libidinais de autoconservação; apenas deveríamos ser capazes de mostrá-los. É lamentável que a análise do eu tenha avançado tão pouco que essa demonstração se torne bem difícil para nós. No entanto, os impulsos libidinais do eu podem estar ligados de maneira especial com os outros impulsos do eu que ainda não conhecemos.[36]

36. Conforme os editores alemães, a redação dessa frase era ligeiramente diferente na primeira edição de 1920: "No entanto, os impulsos libidinais do eu podem estar ligados – 'entrelaçados', segundo a expressão de Alfred Adler – de maneira especial com os outros impulsos do eu que ainda não conhecemos". (N.T.)

Ainda antes de termos reconhecido claramente o narcisismo, já existia na psicanálise a suposição de que os "impulsos do eu" tinham puxado para si componentes libidinais. Mas essas são possibilidades bastante incertas, que os adversários dificilmente levarão em conta. Continua sendo delicado que até agora a análise sempre nos tenha colocado apenas em condições de demonstrar impulsos libidinais. Mas nem por isso gostaríamos de partilhar da conclusão de que não há outros.

Considerando a escuridão atual da teoria dos impulsos, decerto não fazemos bem ao rejeitar algum lampejo que nos prometa esclarecimento. Partimos da grande oposição entre impulsos de vida e de morte. O próprio amor objetal nos mostra uma segunda polaridade desse gênero, a do amor (ternura) e do ódio (agressão). Se conseguíssemos relacionar essas duas polaridades, derivar uma da outra! Desde sempre reconhecemos um componente sádico do impulso sexual[37]; como sabemos, ele pode se tornar independente e, sob a forma de perversão, dominar a aspiração sexual inteira da pessoa. Ele também se destaca como impulso parcial dominante numa das por mim chamadas "organizações pré-genitais".

37. Desde a primeira edição dos *Três ensaios sobre a teoria da sexualidade*, em 1905.

Porém, como se conseguiria derivar o impulso sádico, que almeja a danificação do objeto, do eros, que conserva a vida? Não se torna evidente aí a hipótese de que esse sadismo é na verdade um impulso de morte que foi afastado do eu por influência da libido narcísica, de maneira que só aparece na relação com o objeto? Ele entra, então, a serviço da função sexual; no estágio oral de organização da libido, o apoderamento amoroso ainda coincide com a aniquilação do objeto; mais tarde, o impulso sádico se separa e por fim, no estágio do primado genital, assume para fins reprodutivos a função de dominar o objeto sexual até o ponto exigido para a realização do ato sexual. Poderíamos até dizer que o sadismo expulso do eu mostrou o caminho aos componentes libidinais do impulso sexual; posteriormente, eles perseguem o objeto. Onde o sadismo original não experimenta qualquer moderação e fusão, produz-se a conhecida ambivalência amor-ódio da vida amorosa.

Se for lícito formular semelhante hipótese, estaria satisfeita a exigência de indicar um exemplo – deslocado, no entanto – de um impulso de morte. Só que essa concepção está muito distante de qualquer clareza e causa uma impressão verdadeiramente mística. Tornamo-nos suspeitos de ter buscado a qualquer preço uma saída de um grande embaraço. Mas então podemos recorrer ao fato de que semelhante hipótese não é nova, de que já a formulamos antes certa vez, quando ainda não se falava de embaraço. Nessa altura, observações clínicas nos impuseram a concepção de que cabia compreender o masoquismo, o impulso parcial complementar do sadismo, como uma virada do sadismo contra o próprio eu.[38] Porém, uma virada do impulso que vai do objeto ao eu não é, em princípio, coisa diferente da virada que vai do eu ao objeto, virada que está em questão aqui como algo novo. O masoquismo, a virada do impulso contra o próprio eu, seria então, na realidade, um retorno a uma fase anterior do impulso, uma regressão. A exposição sobre o masoquismo dada naquela época precisaria de uma retificação num ponto por ser exclusiva demais; o masoquismo, o que lá eu quis contestar, poderia ser também um masoquismo primário.[39]

---

38. Ver *Três ensaios sobre a teoria da sexualidade* (1905 *d*) e "Os impulsos e seus destinos" (1915 *c*).

39. Num trabalho rico em conteúdo e pensamentos, mas que infelizmente não é de todo transparente para mim, Sabina Spielrein antecipou uma boa parte dessa especulação. Ela denomina o componente sádico do impulso sexual de "destrutivo" (1912). De maneira diferente, A. Stärcke (1914) buscou identificar o próprio conceito de libido (continua)

No entanto, retornemos aos impulsos sexuais conservadores da vida. Da pesquisa com protistas já ficamos sabendo que a fusão de dois indivíduos sem divisão posterior, a cópula, atua sobre ambos, que então logo se separam, de maneira fortalecedora e rejuvenescedora. (Ver Lipschütz, acima.) Nas gerações seguintes, eles não apresentam quaisquer fenômenos degenerativos e parecem capacitados a resistir por mais tempo às nocividades de seu próprio metabolismo. Acredito que essa observação pode ser tomada como exemplar também para o efeito da união sexual. Porém, de que maneira a fusão de duas células pouco diferentes produz semelhante renovação da vida? O experimento que substitui a cópula entre os protozoários pela influência de estímulos químicos ou mesmo mecânicos[40] certamente permite dar uma resposta segura: isso acontece mediante o acréscimo de novas grandezas de estímulo. No entanto, isso se harmoniza bem com a hipótese de que o processo vital do indivíduo leva, por razões internas, ao nivelamento de tensões

(cont.) com o conceito biológico, que cabe supor teoricamente, de uma *impulsão à morte.* (Ver também Rank, 1907.) Todos esses esforços, como os do texto, dão testemunho da premência de um esclarecimento ainda não alcançado na teoria dos impulsos.

40. Lipschütz (1914).

químicas, isto é, à morte, enquanto a união com uma substância viva individualmente diferente aumenta essas tensões, introduz novas *diferenças vitais*, por assim dizer, que então precisam ser *vividas até o esgotamento*. Naturalmente, deve haver uma ou mais condições ótimas para essa diferença. O fato de termos reconhecido que a tendência dominante da vida psíquica, talvez da vida nervosa em geral, é a aspiração por reduzir, manter constante, eliminar a tensão interna de estímulo (o *princípio de nirvana*, segundo uma expressão de Barbara Low), tal como essa aspiração se expressa no princípio de prazer – esse fato, dizíamos, é um de nossos mais fortes motivos para acreditar na existência de impulsos de morte.

No entanto, ainda continuamos sentindo como uma perturbação sensível de nosso raciocínio o fato de precisamente no caso do impulso sexual não conseguirmos demonstrar aquele caráter de uma compulsão à repetição que inicialmente nos levou a seguir o rastro dos impulsos de morte. É verdade que o âmbito dos processos de desenvolvimento embrionários é riquíssimo em tais fenômenos de repetição; as duas células germinativas da reprodução sexuada e sua história de vida são elas próprias apenas repetições dos primórdios da vida orgânica; no entanto, o essencial nos processos pretendidos pelo impulso sexual é a fusão de dois corpos celulares. Apenas por meio dela se assegura a imortalidade da substância viva nos seres vivos superiores.

Em outras palavras: precisamos obter informações sobre a origem da reprodução sexuada e a proveniência dos impulsos sexuais em geral, uma tarefa diante da qual um leigo necessariamente recua e que até agora ainda não pôde ser resolvida nem pelos próprios especialistas. Por isso, de todas as indicações e opiniões conflitantes, destaque-se numa síntese sumaríssima aquilo que permite uma conexão com o nosso raciocínio.

Uma dessas concepções despoja o problema da reprodução de seu fascínio misterioso ao apresentá-la como um fenômeno parcial do crescimento (multiplicação por divisão, brotamento, gemulação). A origem da reprodução por meio de células germinativas sexualmente diferenciadas poderia ser imaginada segundo o sóbrio modo de pensar darwinista: a vantagem da anfimixia, que resultou certa vez da cópula casual de dois protistas, foi conservada no desenvolvimento posterior e continuaria sendo aproveitada.[41] O

41. Embora Weismann (1892) também negue essa vantagem: "A fecundação não significa de maneira alguma um rejuvenescimento ou uma renovação da vida, (continua)

"sexo" não seria portanto muito antigo, e os impulsos extraordinariamente fortes que querem produzir a união sexual repetiriam nela algo que certa vez aconteceu casualmente e desde então se consolidou como vantajoso.

Como no caso da morte, trata-se aqui novamente de saber se no caso dos protistas não se deve admitir outra coisa senão o que mostram e se é lícito aceitar que forças e processos que se tornam visíveis apenas em seres vivos superiores também surgiram naqueles pela primeira vez. A mencionada concepção da sexualidade faz muito pouco em favor de nossos propósitos. Será lícito objetar contra ela o fato de pressupor a existência de impulsos vitais já em ação no ser vivo mais simples, pois de outro modo a cópula, que se opõe ao curso da vida e dificulta a tarefa de morrer, não teria sido conservada e elaborada, mas evitada. Assim, se não quisermos abandonar a hipótese de impulsos de morte, é preciso juntar-lhes, desde o início, impulsos de vida. No entanto, é preciso confessar que trabalhamos aí numa equação com

---

(cont.) não seria absolutamente necessária à sua continuação e não é outra coisa senão *um dispositivo para possibilitar a mistura de duas tendências hereditárias distintas*". No entanto, ele considera que o efeito de semelhante mistura é um aumento da variabilidade dos seres vivos.

duas incógnitas. O que normalmente encontramos na ciência sobre a origem da sexualidade é tão pouco que se pode comparar esse problema a uma escuridão em que não penetrou nem mesmo o raio de luz de uma hipótese. Contudo, encontramos tal hipótese num lugar bem diferente, hipótese que no entanto é de tipo tão fantástico – certamente antes um mito do que uma explicação científica – que eu não ousaria citá-la aqui se não preenchesse justamente a condição cujo preenchimento aspiramos. A saber, ela deriva um impulso *da necessidade de restabelecer um estado anterior.*

Refiro-me naturalmente à teoria que Platão faz Aristófanes desenvolver em *O banquete* e que trata não apenas da origem do impulso sexual, mas também de sua variação mais importante no que diz respeito ao objeto.[42]

"Pois no início nosso corpo não tinha de modo algum a forma de agora; era muito diferente. Em primeiro lugar, havia três sexos, não apenas como agora o masculino e o feminino, mas ainda um terceiro que unia os dois (...) o andrógino (...)." Porém, tudo nesses seres humanos era duplo; tinham, portanto, quatro mãos e quatro pés, dois rostos, genitais duplos etc. Então Zeus decidiu

42. Tradução de U.v. Wilamowitz-Moellendorff (*Platão*, I, p. 366-367).

dividir cada ser humano em duas partes, "tal como se corta os marmelos ao meio para fazer conserva (...) Como agora o ser inteiro estava cortado em dois, a saudade impelia as duas metades a se reunirem: enlaçavam-se com as mãos, entrelaçavam-se uma na outra *na ânsia de se fundirem* (...)."[43]

---

43. Devo ao professor Heinrich Gomperz (Viena) as seguintes indicações sobre a origem do mito platônico, que reproduzo em parte com suas palavras: gostaria de chamar a atenção para o fato de que no essencial a mesma teoria também já se encontra nos *Upanixades*. Pois no *Upanixade Brihadaranyaka*, I, 4, 3 (Deussen, *Sessenta Upanixades do Veda*, p. 593), onde se descreve o surgimento do mundo a partir do Átmã (o si mesmo ou eu), consta: "(...) Mas ele (o Átmã, o si mesmo ou o eu) também não tinha qualquer alegria; por isso uma pessoa não sente alegria quando está sozinha. Então ele desejou um segundo ser. Pois era do tamanho de uma mulher e um homem quando estão abraçados. Ele dividiu esse si mesmo em duas partes: daí surgiram esposo e esposa. É por isso que no si mesmo esse corpo é como que uma metade, foi o que explicou Yājñavalkya. É por isso que esse espaço vazio aqui é preenchido pela mulher".

O *Upanixade Brihadaranyaka* é o mais antigo dos *Upanixades* e com certeza não é situado por nenhum pesquisador criterioso depois de 800 a.C., aproximadamente. A questão de saber se seria possível que Platão dependesse, mesmo que apenas de modo indireto, de tal pensamento indiano é algo que eu, em oposição à opinião dominante, não gostaria de responder de maneira absolutamente negativa, visto que tal possibilidade tampouco pode ser verdadeiramente contestada no caso da (continua)

Deveríamos, seguindo o aceno do filósofo-poeta, nos atrever a formular a hipótese de que por ocasião de sua vivificação a substância viva foi rasgada em pequenas partículas que desde então aspiram por sua reunificação mediante os impulsos sexuais? E que esses impulsos, em que prossegue a afinidade química da matéria inanimada, superam gradativamente, passando pelo reino dos protistas, as dificuldades que um meio ambiente carregado de estímulos perigosos à vida opõe a essa aspiração, ambiente que os obriga à formação de uma camada cortical protetora? E que essas partículas dispersas de substância viva chegam assim à pluricelularidade e finalmente transferem às células germinativas o impulso à reunificação em sua concentração máxima? Acredito que devemos parar por aqui.

(cont.) doutrina da transmigração das almas. Uma tal dependência, de início mediada pelos pitagóricos, pouco diminuiria a importância dessa coincidência de pensamentos, visto que Platão não teria se apropriado de tal história, que lhe chegou de alguma maneira provinda da tradição oriental, e muito menos teria lhe atribuído uma posição tão importante, se a ele próprio não tivesse parecido conter alguma verdade.

Num artigo de K. Ziegler, "O devir de homens e mundos" (1913), que se ocupa sistematicamente de investigar o pensamento em questão *antes* de Platão, ele é remontado a ideias babilônicas.

No entanto, não sem acrescentar algumas palavras de reflexão crítica. Poderiam me perguntar se e em que medida eu próprio estou convencido das hipóteses aqui desenvolvidas. Minha resposta seria que nem eu próprio estou convencido nem busco conquistar a crença de outros. Mais exatamente: não sei até que ponto acredito nelas. Parece-me que o fator afetivo da convicção não precisa de forma alguma ser aqui considerado. Afinal, uma pessoa pode se entregar a um raciocínio, segui-lo até onde leva, apenas por curiosidade científica ou, caso se queira, como *advocatus diaboli*[44] que nem por isso vende a própria alma ao Diabo. Não ignoro que o terceiro passo da teoria dos impulsos, que dou aqui, não pode reivindicar a mesma certeza que os dois anteriores, a ampliação do conceito de sexualidade e a formulação do narcisismo. Essas inovações foram traduções diretas da observação em teoria, não afetadas por fontes de erro maiores que o inevitável em todos esses casos. No entanto, a afirmação sobre o caráter *regressivo* dos impulsos também se apoia em material observado, a saber, nos fatos da compulsão à repetição. Só que

44. Advogado do Diabo. Membro do clero católico que apresentava objeções a uma proposta de canonização. Por extensão, aquele que faz críticas a uma tese na tentativa de testar sua validade. (N.T.)

talvez eu tenha superestimado sua importância. Em todo caso, o desenvolvimento dessa ideia não é possível de outro modo senão combinando coisas fatuais, várias vezes sucessivas, com coisas meramente pensadas e afastando-se imensamente da observação ao fazê-lo. Sabe-se que o resultado final se torna tão menos digno de confiança quanto maior o número de vezes que isso for feito durante a construção de uma teoria, mas o grau de incerteza não pode ser indicado. Pode-se fazer uma adivinhação feliz ou cometer um erro vergonhoso. Em tais trabalhos, confio pouco na chamada intuição; o que vi dela pareceu-me antes o resultado de uma certa imparcialidade do intelecto. Só que infelizmente é raro que alguém seja imparcial quando se trata das coisas últimas, dos grandes problemas da ciência e da vida. Acredito que aí cada um é dominado por predileções profundamente radicadas em seu íntimo, as quais, sem saber, favorece com sua especulação. Com razões tão boas para a desconfiança, decerto não resta outra coisa senão uma benevolência fria com os resultados do próprio esforço de pensamento. Apresso-me apenas a acrescentar que tal autocrítica não obriga de maneira alguma a uma tolerância especial para com opiniões divergentes. Pode-se rejeitar impiedosamente as teorias já contestadas pelos primeiros passos na análise da observação, sabendo, contudo, que a correção daquelas que se defende é apenas provisória. Ao avaliar nossa especulação sobre os impulsos de vida e morte, pouco nos incomodará que nela apareçam tantos processos estranhos e pouco claros, tais como um impulso ser expulso por outros ou se voltar do eu ao objeto e coisas do gênero. Isso só provém do fato de sermos forçados a trabalhar com os termos científicos, isto é, com a linguagem figurativa própria da psicologia (dizendo corretamente: da psicologia profunda). Caso contrário, não poderíamos descrever de forma alguma os processos correspondentes, nem sequer os teríamos percebido. As falhas de nossa descrição provavelmente desapareceriam se no lugar dos termos psicológicos já pudéssemos utilizar os fisiológicos ou químicos. É verdade que estes também pertencem apenas a uma linguagem figurativa, mas a uma que nos é familiar há mais tempo e talvez também mais simples.

Em compensação, queremos deixar bem claro que a incerteza de nossa especulação foi aumentada em alto grau por sermos forçados a tomar empréstimos da ciência biológica. A biologia é verdadeiramente um reino de possibilidades ilimitadas, temos a esperar dela as mais surpreendentes explicações e não podemos adivinhar as respostas que dará dentro de algumas décadas às perguntas que lhe fizemos. Talvez essas respostas sejam precisamente de tal gênero que venham a derrubar com um sopro todo o nosso edifício artificial de hipóteses. Se as coisas são assim, alguém poderia perguntar: para que então uma pessoa empreende trabalhos como o registrado nesta seção e por que afinal o comunica? Bem, não posso negar que algumas das analogias, ligações e nexos nele contidos me pareceram dignos de atenção.[45]

---

45. Acrescentemos aqui algumas palavras para esclarecer nossa nomenclatura, que passou por um certo desenvolvimento no decorrer destas discussões. Sabíamos o que são "impulsos sexuais" a partir de sua relação com os sexos e a função reprodutória. Conservamos então esse nome quando os resultados da psicanálise nos obrigaram a afrouxar sua relação com a reprodução. Com a instauração da libido narcísica e a expansão do conceito de libido à célula individual, o impulso sexual se transformou, para nós, em eros, que busca aglomerar e manter unidas as partes da substância viva, e os geralmente chamados impulsos sexuais apareceram como a parte desse eros voltada ao objeto. Então a especulação faz esse eros agir desde o início da vida e, como "impulso de vida", opor-se ao "impulso de morte", que surgiu por meio da vivificação do inorgânico. Ela tenta resolver o enigma da vida por meio da hipótese desses dois impulsos que lutam entre si desde os primórdios. Mais obscura talvez seja a transformação experimentada pelo conceito de "impulsos do eu". Originalmente, chamávamos assim todas aquelas orientações impulsionais pouco conhecidas por nós que podiam ser diferenciadas dos (continua)

VII

Se for realmente uma característica tão geral dos impulsos que eles queiram restabelecer um estado anterior, não podemos nos admirar com o fato de tantos processos na vida psíquica acontecerem independentemente do princípio de prazer. Essa característica se comunicaria a cada impulso parcial e, em seu caso, se referiria ao retorno a determinada estação do caminho de desenvolvimento. No entanto, todas essas coisas sobre as quais o princípio de prazer ainda não obteve poder não precisariam por isso estar em oposição a ele,

---

(cont.) impulsos sexuais dirigidos ao objeto, e opusemos os impulsos do eu aos impulsos sexuais, cuja expressão é a libido. Posteriormente, aproximamo-nos da análise do eu e reconhecemos que uma parte dos "impulsos do eu" também é de natureza libidinal, que essa parte tomou o próprio eu por objeto. Assim, esses impulsos narcísicos de autoconservação tiveram agora de ser somados aos impulsos sexuais libidinais. A oposição entre impulsos do eu e impulsos sexuais se transformou na oposição entre impulsos do eu e impulsos objetais, ambos de natureza libidinal. No entanto, em seu lugar apareceu uma nova oposição entre impulsos libidinais (impulsos do eu e objetais) e outros que cabe estatuir no eu e talvez indicar nos impulsos de destruição. A especulação transforma essa oposição na oposição entre impulsos de vida (eros) e impulsos de morte.

e ainda não está resolvida a tarefa de determinar a relação dos processos impulsionais de repetição com o domínio do princípio de prazer.

Reconhecemos que uma das primeiras e mais importantes funções do aparelho psíquico é "ligar" as moções de impulso que chegam, substituir o processo primário nelas dominante pelo processo secundário, transformar sua energia de investimento livremente móvel em investimento predominantemente em repouso (tônico). Durante essa transposição não é possível levar em consideração o desenvolvimento de desprazer, só que o princípio de prazer não é suspenso por isso. A transposição acontece antes a serviço do princípio de prazer; a ligação é um ato preparatório, que introduz e assegura o domínio do princípio de prazer.

Separemos função e tendência de maneira mais nítida do que fizemos até aqui. O princípio de prazer é então uma tendência a serviço de uma função encarregada de tornar o aparelho psíquico inteiramente livre de excitações, ou manter o nível de excitação nele constante ou no patamar o mais baixo possível. Ainda não podemos nos decidir de maneira segura por nenhuma dessas versões, mas notamos que a função assim definida faria parte da aspiração mais geral de tudo o que é vivo de retornar à quietude do mundo inorgânico. Todos tomamos conhecimento de que o maior prazer atingível para nós, o do ato sexual, está ligado com a extinção momentânea de uma excitação extremamente elevada. No entanto, a ligação da moção de impulso seria uma função preliminar que prepararia a excitação para seu despacho definitivo no prazer de descarga.

Nesse mesmo contexto levanta-se a questão de saber se as sensações de prazer e desprazer podem ser geradas da mesma maneira tanto pelos processos excitatórios ligados quanto pelos não ligados. Pois parece totalmente indubitável que os não ligados, os processos primários, resultam em sensações muito mais intensas em ambas as direções do que os ligados, os do processo secundário. Os processos primários também são os mais antigos temporalmente, não há outros no início da vida psíquica, e podemos concluir que, se o princípio de prazer já não estivesse em atividade neles, de forma alguma poderia se estabelecer no caso dos processos posteriores. Chegamos assim ao resultado, no fundo nada simples, de que a aspiração pelo prazer se manifesta de maneira muito mais intensa no início da vida psíquica do que mais tarde, mas não de maneira tão irrestrita; ela precisa tolerar rupturas frequentes. Em períodos mais maduros, o domínio do princípio de prazer é muito mais assegurado, mas ele próprio escapou tão pouco da domesticação quanto os outros impulsos em geral. Em todo caso, aquilo que permite o surgimento das sensações de prazer e desprazer por ocasião do processo excitatório precisa estar presente tanto no processo secundário quanto no primário.

Este seria o ponto para se começar estudos adicionais. Nossa consciência nos proporciona, a partir de dentro, não apenas as sensações de prazer e desprazer, mas também de uma tensão peculiar que, por sua vez, pode ser prazerosa ou desprazerosa. Bem, mas devemos diferenciar por meio dessas sensações os processos energéticos ligados e os não ligados, ou caberá relacionar a sensação de tensão com a grandeza absoluta, eventualmente com o nível de investimento, enquanto a série prazer-desprazer indica a modificação da grandeza de investimento na unidade de tempo? Também chamará nossa atenção que os impulsos de vida tenham muito mais a ver com nossa percepção interna, visto que surgem como perturbadores da paz, constantemente trazendo consigo tensões cujo despacho é sentido como prazer, enquanto os impulsos de morte parecem fazer seu trabalho sem chamar a atenção. O princípio de prazer parece estar verdadeiramente a serviço dos impulsos de morte; no entanto, ele também vigia os estímulos de fora avaliados pelos dois tipos de impulsos como perigos, mas, de maneira muito especial, as intensificações de estímulo provindas de dentro que almejam uma dificultação da tarefa de viver. Ligam-se a isso inúmeras outras questões, cuja resposta não é possível agora. É preciso ser paciente e aguardar por mais meios e ocasiões de pesquisa. Também estar preparado para abandonar um caminho seguido por certo tempo quando não parece conduzir a nada de bom. Apenas aqueles crentes que exigem da ciência um substituto para o catecismo abandonado levarão o pesquisador a mal por desenvolver ou mesmo reformular suas opiniões. De resto, um poeta (Rückert, em *Os macâmes de Hariri*) poderá nos consolar pelos lentos progressos de nosso conhecimento científico:

> O que não podemos alcançar voando
> temos de fazer mancando.
> (...)
> A Escritura diz que mancar não é
> pecado.[46]

---

46. Antepenúltimo e último versos do poema "Os dois florins", versão alemã de um dos *Maqāmāt* [*Contos*] do poeta árabe Abu Muhammad al-Hariri (1054-1122), feita pelo poeta e orientalista Friedrich Rückert (1788-1866) e publicada em 1826 como parte de *As metamorfoses de Abu Said de Serugue ou Os macâmes de Hariri.* (N.T.)

Bibliografia[47]

ADLER, A. "Der Aggressionstrieb im Leben und in der Neurose" ["O impulso agressivo na vida e na neurose"]. *Fortschr. Med.*, vol. 26, p. 577, 1908. (128)

DOFLEIN, F. *Das Problem des Todes und der Unsterblichkeit bei den Pflanzen und Tieren* [*O problema da morte e da imortalidade no caso de plantas e animais*]. Iena, 1919. (117)

FECHNER, G.T. *Einige Ideen zur Schöpfungs- und Entwicklungsgeschichte der Organismen* [*Algumas ideias sobre a história da criação e do desenvolvimento dos organismos*]. Leipzig, 1873. (45-47)

FERENCZI, S. "Entwicklungsstufen des Wirklichkeitssinnes" ["Estágios de desenvolvimento do senso de realidade"]. *Int. Z. ärztl. Psychoanal.*, vol. 1, p. 124, 1913. (107)

_____. *et al. Zur Psychoanalyse der Kriegsneurosen* [*Sobre a psicanálise das neuroses de guerra*]. Leipzig e Viena, 1919. (51, 91)

47. Os números entre parênteses no final de cada entrada indicam a(s) página(s) em que a obra é mencionada nesta edição. (N.T.)

Fliess, W. *Der Ablauf des Lebens* [*O transcurso da vida*]. Viena, 1906. (113)

Freud, S. *Die Traumdeutung* [*A interpretação dos sonhos*]. 1900 *a*. (*Gesammelte Werke*, vols. 2-3; *Studienausgabe*, vol. 2) (77, 93-94)

_____. *Drei Abhandlungen zur Sexualtheorie* [*Três ensaios sobre a teoria da sexualidade*]. 1905 *d*. (*GW*, vol. 5, p. 29; *SA*, vol. 5, p. 37) (91, 129, 131)

_____. "Zur Einführung des Narzißmus" ["Sobre a introdução do narcisismo"]. 1914 *c*. (*GW*, vol. 10, p. 138; *SA*, vol. 3, p. 37) (92, 126)

_____. "Weitere Ratschläge zur Technik der Psychoanalyse: II. Erinnern, Wiederholen und Durcharbeiten" ["Recomendações adicionais sobre a técnica da psicanálise: II. Lembrar, repetir e elaborar"]. 1914 *g*. (*GW*, vol. 10, p. 126; *SA*, vol. complementar, p. 205) (64)

_____. "Triebe und Triebschicksale" ["Os impulsos e seus destinos"]. 1915 *c*. (*GW*, vol. 10, p. 210; *SA*, vol. 3, p. 75) (85, 131)

_____. "Eine Kindheitserinnerung aus *Dichtung und Wahrheit*" ["Uma lembrança de infância de *Poesia e verdade*"]. 1917 *b*. (*GW*, vol. 12, p. 15; *SA*, vol. 10, p. 255) (59)

_____. Einleitung zu *Zur Psychoanalyse der Kriegsneurosen* [Introdução a *Sobre a psicanálise das neuroses de guerra*]. 1919 *d.* (*GW*, vol. 12, p. 321) (51, 91)

_____. "Bemerkungen zur Theorie und Praxis der Traumdeutung" ["Observações sobre a teoria e a prática da interpretação dos sonhos"]. 1923 *c.* (*GW*, vol. 13, p. 301; *SA*, vol. complementar, p. 257) (66)

_____; Breuer, J. "Über den psychischen Mechanismus hysterischer Phänomene; Vorläufige Mitteilung" ["Sobre o mecanismo psíquico dos fenômenos histéricos; Comunicação preliminar"]. 1893 *a.* (*GW*, vol. 1, p. 81) (53)

_____; _____. *Studien über Hysterie* [*Estudos sobre a histeria*]. 1895 *d.* (*GW*, vol. 1, p. 75) (77, 80, 87)

Goette, A. *Über den Ursprung des Todes* [*Sobre a origem da morte*]. Hamburgo, 1883. (117)

Hartmann, M. *Tod und Fortpflanzung* [*Morte e reprodução*]. Munique, 1906. (117)

Hering, E. *Zur Lehre vom Lichtsinne* [*Sobre a teoria do sentido da visão*]. Viena, 1878. (122)

Jung, C.G. "Die Bedeutung des Vaters für das Schicksal des Einzelnen" ["A importância do pai para o destino do indivíduo"]. *Jb. psychoanalyt. psychopath. Forsch.*, vol. 1, p. 155, 1909. (71)

Kant, I. *Kritik der reinen Vernunft* [*Crítica da razão pura*]. Riga, 1781. (82)

Lipschütz, A. *Warum wir sterben* [*Por que morremos*]. Stuttgart, 1914. (117-118, 132)

Loeb, J. *Die chemische Entwicklungserregung des tierischen Eies; künstliche Parthenogenese* [*A estimulação química do desenvolvimento do ovo animal; partenogênese artificial*]. Berlim, 1909. (119)

Low, B. *Psycho-Analysis* [*Psicanálise*]. Londres e Nova York, 1920. (133)

Marcinowski, J. "Erotische Quellen der Minderwertigkeitsgefühle" ["Fontes eróticas dos sentimentos de inferioridade"]. *Z. SexWiss. Bonn*, vol. 4, p. 313, 1918. (67)

Pfeifer, S. "Äußerungen infantil-erotischer Triebe im Spiele" ["Manifestações de impulsos erótico-infantis na brincadeira"]. *Imago*, vol. 5, p. 243, 1919. (54)

Platão. *Symposion* [*O banquete*]. Tradução alemã de U.v. Wilamowitz-Moellendorff. (136-138)

Rank, O. *Der Künstler, Ansätze zu einer Sexualpsychologie* [*O artista: pontos de partida para uma psicologia sexual*]. Leipzig e Viena, 1907. (132)

Schopenhauer, A. "Über die anscheinende Absichtlichkeit im Schicksale des Einzelnen" ["Sobre a aparente intencionalidade no destino do indivíduo"]. *In*: *Parerga und Paralipomena* [*Parergos e paralipômenos*]. Leipzig, 1851. (122)

Spielrein, S. "Die Destruktion als Ursache des Werdens" ["A destruição como causa do devir"]. *Jb. psychoanalyt. psychopath. Forsch.*, vol. 4, p. 465, 1912. (131)

Stärcke, A. Einleitung zur holländischen Übersetzung von S. Freud, "Die 'kulturelle' Sexualmoral und die moderne Nervosität" [Introdução à tradução holandesa de "A moral sexual 'cultural' e o nervosismo moderno", de S. Freud]. Leyden, 1914. (131)

Weismann, A. *Über die Dauer des Lebens* [*Sobre a duração da vida*]. Iena, 1882. (114-116)

_____. *Über Leben und Tod* [*Sobre a vida e a morte*]. Iena, 1884. (114-116)

_____. *Das Keimplasma* [*O plasma germinativo*]. Iena, 1892. (114, 134)

ZIEGLER, K. "Menschen- und Weltenwerden" ["O devir de homens e mundos"]. *Neue Jb. klass. Altert.*, vol. 31, p. 529, 1913. (138)

Colaboradores desta edição

Renato Zwick é bacharel em filosofia pela Unijuí e mestre em letras (língua e literatura alemã) pela USP. É tradutor de Nietzsche (*O anticristo*, L&PM, 2008; *Crepúsculo dos ídolos*, L&PM, 2009; e *Além do bem e do mal*, L&PM, 2008), de Rilke (*Os cadernos de Malte Laurids Brigge*, L&PM, 2009), de Freud (*O futuro de uma ilusão*, 2010; *O mal-estar na cultura*, 2010; *A interpretação dos sonhos*, 2012; *Totem e tabu*, 2013; *Psicologia das massas e análise do eu*, 2013; *O homem Moisés e a religião monoteísta*, 2014; *Compêndio da psicanálise*, 2014, todos publicados pela L&PM Editores) e de Karl Kraus (*Aforismos*, Arquipélago, 2010), e cotradutor de Thomas Mann (*Ouvintes alemães!: discursos contra Hitler (1940-1945)*, Jorge Zahar, 2009).

Tales Ab'Sáber é psicanalista e ensaísta, professor de Filosofia da Psicanálise no Departamento de Filosofia da Universidade Federal de São Paulo (Unifesp), membro do Departamento de Psicanálise do Instituto Sedes Sapientiae, autor de, entre outros, *O sonhar restaurado – formas do sonhar em*

Bion, Winnicott e Freud (Ed. 34, 2005), *A música do tempo infinito* (Cosac Naify, 2011), ambos premiados com o Jabuti, *Lulismo, carisma pop e cultura anticrítica* (Hedra, 2012) e o mais recente *Ensaio, fragmento* (Ed. 34, 2014).

Paulo Endo é psicanalista e professor do Instituto de Psicologia da USP, com mestrado pela PUC-SP, doutorado pela USP e pós-doutorado pelo Centro Brasileiro de Análise e Planejamento/CAPES. É pesquisador-colaborador do Laboratório de Pesquisa em Psicanálise, Arte e Política da UFRGS e do Laboratório Interdisciplinar de Pesquisa e Intervenção Social da PUC-Rio. É autor de *A violência no coração da cidade* (Escuta/Fapesp, 2005; prêmio Jabuti 2006) e *Sigmund Freud* (com Edson Sousa; L&PM, 2009), e organizador de *Novas contribuições metapsicológicas à clínica psicanalítica* (Cabral Editora, 2003).

Edson Sousa é psicanalista, membro da Associação Psicanalítica de Porto Alegre. É formado em psicologia pela PUC-RS, com mestrado e doutorado pela Universidade de Paris VII, e pós-doutorado pela Universidade de Paris VII e pela École des Hautes Études en Sciences Sociales de Paris. Pesquisador do CNPq, leciona como professor titular do Departamento de Psicanálise e Psicopatologia e no Pós-graduação em Psicanálise: Clínica e Cultura da UFRGS, onde também coordena, com Maria Cristina Poli, o Laboratório de Pesquisa em Psicanálise, Arte e Política. É autor de *Freud* (Abril, 2005), *Uma invenção da utopia* (Lumme, 2007) e *Sigmund Freud* (com Paulo Endo; L&PM, 2009), além de organizador de *Psicanálise e colonização* (Artes e Ofícios, 1999) e *A invenção da vida* (com Elida Tessler e Abrão Slavutzky; Artes e Ofícios, 2001).

EDUARDO GALEANO

na Coleção L&PM POCKET

IMPRESSÃO:

PALLOTTI
GRÁFICA

Santa Maria - RS | Fone: (55) 3220.4500
www.graficapallotti.com.br